다윗대통령의 귀환
리더를 리드하는 리더

다윗대통령의 귀환
리더를 리드하는 리더

최하진 지음

KING
DAVID
RETURNS

THE LEADER WHO LEADS LEADERS

나무&가지

Contents

들어가며

다윗의 이야기는 인류의 역사가 다할 때까지 계속된다. 다윗은 그야말로 파란만장한 인생을 보냈다. 여덟 형제 중 막내로 태어난 그는 양떼를 기르는 목자로, 시인으로, 하프연주가로, 용맹한 전사로, 이스라엘 민족의 정치 지도자로 세워졌다. 그 가운데서 다윗은 자신의 한계, 인간관계의 한계, 능력의 한계, 리더십의 한계를 뛰어넘었다. 찰스 스윈돌 목사는 다윗에 대해 이렇게 표현한다.[1]

"전쟁터에서 다윗은 불굴의 확신을 가진 용사의 모본이었다. 결정을 내리는 데 있어서 그는 지혜와 공정함으로 판단했다. 외로울 때 그는 투명한 솔직함과 잠잠한 신뢰의 글을 썼다. 친구로서도 끝까지 충실했다. 겸허한 목동이었을 때도, 사울 왕 앞에 섰던 무명의 음악가였을 때도, 그는 늘 충성되고 신실했다. 심지어 그가 그 나라에서 가장 높은 지위로 올라간 후에도 성실함과 겸손함의 모본을 보여주었다. 얼마나 놀라운 하나님의 사람인가!"

골리앗과의 싸움에서 승리한 후, 다윗은 국민적인 스타로 급부상했다.

치솟는 인기만큼이나 사울 왕의 시기와 질투도 요동쳤다. 그때부터 다윗의 쫓기는 인생이 시작되었다. 무려 십 년이라는 긴 세월이 지나고, 사울왕이 전쟁에서 죽은 후에야 다윗은 정치적 망명 생활을 접고 고향에 돌아온다. 소식을 듣고 온 남이스라엘의 국민은 그에게 지도자가 되어줄 것을 요청했고 결국 그는 반쪽 나라의 대통령으로 추대된다. 30세에 국민들의 정치 지도자가 된 그는 7년 후 통일된 이스라엘의 대통령으로 세워졌고 70세까지 국가의 수반으로서 군사적, 경제적 강국을 이끌어간다.

그의 삶에는 수많은 리더십의 진수가 담겨 있다. 저자가 다윗을 특별히 좋아하는 이유이기도 하다. 그는 한 인간으로서 항상 성공의 축배를 든 것은 아니다. 잘못된 판단을 한 적도, 타락의 끝을 맛본 적도 있다. 정책결정의 시기를 놓치는 어리석음에 어려움을 자초한 일도 있고, 자만으로 온 국민을 고통에 시달리게 한 이력도 있다. 그러나 그때마다 자신을 돌아볼 줄 알았다. 잘못을 저지를 때마다 회개의 자리로 나아갔고 겸손한 자세를 회복했다.

우리는 지금 가치관의 갈등을 겪고 있다. 정치에 대한 관심 여부를 떠나 정치와 떨어져 살 수 없는 현실을 보내고 있다. 특히 그리스도인이라면 오늘의 현실이 보다 의미심장하게 다가올지 모르겠다. 지금 이 시대는 그동안 진리라고 믿었던 가치들이 도전 받고 있는 시대이기 때문이다. 오늘날 성경적 세계관은 포스트모더니즘이라는 커다란 도전에 직면한 상태다. 옳고 그름이 아닌 좋고 나쁨으로, 절대적 가치가 아닌 상대적 가치의 기준으로 잣대가 옮겨지고 있다. 어느 때보다 지혜가 요구되는 때가 아닐 수 없다. 이 책이 모든 현안의 정답을 제공하지는 않더라도 지혜는 제공할 수 있기를 소망한다.

페이지를 넘기기 전에, 덧붙이고 싶다. 이 책에서는 다윗과 조금 더 친근하게 마주할 수 있도록 1인칭 시점으로 스토리를 전개해 나갔다. 다윗이 타임머신을 타고 우리가 사는 세상에 찾아와 자기의 삶과 교훈을 이야기해준다고 생각하며 읽길 바란다.

PART 1
준비된
청년

KING
DAVID
RETURNS
THE LEADER WHO LEADS LEADERS

01
눈 떠보니 국민영웅

사무엘상 17장

"올라갑시다. 올라가서 그 땅을 점령합시다. 우리는 반드시 할 수 있습니다. 우리는 그들에 비해 메뚜기가 아닙니다. 그들은 우리의 밥입니다. 주께서 우리와 함께 계시니, 그들을 두려워하지 마십시오."

나의 선조 갈렙의 이야기는 나를 늘 설레게 만든다. 아낙이라는 거인족들이 머물렀던 헤브론 산지! 그곳을 정복하는 것이 갈렙에게는 무모한 일이 아니었다. 모두가 불가능하다고 여겼지만 갈렙과 여호수아는 달랐다. 위대한 지도자 모세가 갈렙에 대해 '그는 열명의 스파이들과는 다른 스피릿을 가졌고, 주님을 온전히 따랐다'고 말한 것을 보면 그의 기개가 어느 정도였는지 짐작할 만하다. 나는 헤브론 산지 정복에 나설 때 갈렙이 했던 말을 되뇌었다.

"이제 주께서 그 날 약속하신 이 산간지방을 나에게 주십시오. 그 때에 당신이 들은 대로, 과연 거기에는 아낙 사람이 있고, 그 성읍은 크고 견고합니다. 그러나 주께서 나와 함께 하시기만 한다면, 주께서 말씀하신 대로, 나는 그들을 쫓아낼 수 있습니다."(여호수아 14:12)

갈렙은 내게 있어 믿음의 모델이 되기에 충분했다. 유다지파의 지도자로서 강한 리더십을 지녔으면서도 주님 앞에서는 겸손함으로 그분의 뜻을 따르고자 했다. 다른 사람에게 두려움으로 비치는 것이 그에게는 두려움으로 다가오지 않았다. 이 모든 것이 주님을 향한 믿음의 결과였다.

강력한 믿음의 소유자였던 갈렙의 헌신 덕분에 나를 포함한 후손들 또한 특별한 혜택을 입고 있다. 나의 가족을 비롯한 유다 자손들이 헤브론에서 행복하게 살아갈 수 있게 된 것은 저절로 이루어진 일이 아닌 셈이다. 믿음의 모델을 잘 두어서일까? 나 역시 주님을 향한 믿음이 두려움을 물리치게 한다는 것을 체험하곤 했다. 골리앗 앞에서는 더더욱 그러했다. 나는 골리앗과 맞서기 위해 물맷돌을 하나씩 주을 때마다 외쳤다.

"골리앗, 넌 오늘 내 밥이다!"

챔피언 vs 듣보잡

사실 골리앗 때문에 내가 유명해졌다는 것을 부인할 수는 없다. 심지어 작은 사람과 큰 사람이 같이 붙어있으면 으레 '다윗과 골리앗'이라는 비유가 붙을 정도다. 당시 나는 양을 치던 소년이었고, 골리앗은 기골이 장대한 장수였다. 누구도 그 앞에 나서기를 꺼렸다. 말 그대로 챔피언 중의 챔피언이었다. 나는 그 유명한 골리앗과의 싸움 이야기부터 써 내려갈까 한다.

골리앗이 이끌던 블레셋은 당시 지중해 연안에서 막강한 군사력을 자랑했던 민족이었다. 골리앗의 이름 자체만으로도 이스라엘 민족을 벌벌 떨게 만들기에 충분했다. 골리앗 앞에서의 이스라엘 민족은 고양이 앞의 쥐나 다름이 없었다. 골리앗은 이스라엘 민족 앞에서 이렇게 외쳐 대곤 했다.

"내가 오늘 이스라엘 군대를 이처럼 모욕하였으니, 너희는 어서 나에게 한 사람을 내보내어 나하고 맞붙어 싸우게 하여라!"

나는 이스라엘 민족을 모욕하는 골리앗이 도저히 용납되지 않았다. 그의 괴기한 엄포에 화가 치밀어 올랐다. 양을 치는 소년에 불과했던 나는 사울 왕으로부터 어렵게 허락을 받아 골리앗 앞에 설 기회를 얻었다. 불가능에 도전한다는 게 이런 말인가 싶었다. 내가 싸우러 나가자 골리앗이 실소를 섞어가며 이렇게 말했다.

"듣도 보도 못한 잡놈 같으니라구. 이런 듣보잡이 나오다니 내가 무슨 개인 줄 아느냐? 어디 겁도 없이 어린 놈이! 그리고 막대기는 웬 말이냐? 정신이나 챙기고 와야 할 것 아니냐!"

투구도 쓰지 않고 갑옷도 입지 않은 채 등장한 나의 모습을 어이없이 바라보는 골리앗이었다. 당시 내 모습은 영락없는 양치기 소년이었다. 비웃는 골리앗을 보니 오히려 안심이 되었다. 쉽고 만만하게 생각하는 그 모습에 내심 쾌재를 불렀다. 상대방을 얕잡아 보다 보면 크나큰 약점을 드러내기 마련이니까!

순간, 빛의 속도로 생각해 보았다. 골리앗의 어떤 부위를 맞출 것인가? 문득 사자와 곰의 이마를 맞추었던 기억이 떠올랐다. 그렇다. 나의 목표지점은 바로 '골리앗의 이마'였다. 나는 골리앗의 말에 큰 소리로 대꾸했다.

"너는 칼을 차고 창을 메고 투창을 들고 나에게 나왔구나. 기고만장한 놈 같으니라구. 너는 너 자신을 믿고 날뛰는 것 같은데, 그러나 나는 이스라엘이 믿는 전능자의 이름을 의지하고 너에게로 나왔다. 이놈아! 주께서 네 놈을 나의 손에 넘겨주실 것이다. 내가 오늘 네놈을 쳐서 네 머리를 베고, 블레셋 사람의 주검을 모조리 공중의 새와 땅의 들짐승에게 밥으로 주어서, 온 세상이 이스라엘이 믿고 따르는 주를 알게 하겠다."

나는 말하기가 무섭게 골리앗 쪽으로 달려갔다. 틈을 주지 않고 재빠르게 달리면서 주머니에 손을 넣어 돌을 하나 꺼냈다. 돌을 무릿매에 장전하여 빙빙 돌리기 시작했다. 오랜 연습과 실전감각을 토대로 침착하게 목표물인 이마에 집중했다. 정확한 타이밍에 돌을 쏘아 올렸고, 돌은 전광석화와 같이 골리앗의 이마를 정통으로 때렸다.

　이마에 돌을 맞은 골리앗은 코끼리가 쓰러지듯 땅바닥에 나자빠졌다. 나는 잽싸게 달려가 골리앗을 밟고 올라섰다. 그의 칼집에서 칼을 빼어 그의 목을 잘랐다. 이내 칼을 높이 치켜 들은 채 사울 왕과 이스라엘 군대를 향해 목청이 터지도록 승리의 환호성을 질렀다.

　나는 골리앗의 머리를 치켜든 채 사울 왕에게 보여주었다. 그는 목젖이 보일 정도로 입이 떡 벌어진 채 나를 멍하니 바라보았다. 마치 정지화면과도 같았다.

어떻게 이런 일이 일어난 것일까? 우연도, 기적도 아니었다. 어릴 때부터 주님은 이 시간을 위해 나를 훈련시키고 준비시키셨다. 나에게는 갈렙처럼 주를 온전히 의지하는 믿음과 나라와 민족을 사랑하는 열정과 두려움을 먼저 정복하고자 하는 의지가 있었다. 그리고 10여 년이 넘는 연습과 실전을 토대로 타의 추종을 불허할 만큼의 탁월한 무릿매 기술을 보유하고 있었다.

주님은 이렇게 나를 준비시키셨다. 그러니 누군가에겐 말도 안 되는 그 일이 주님 앞에서는 당연한 역사였다. 우연처럼 보이는 그 사건이 주님의 역사 안에서는 필연일 뿐이었다.

두려워할 것은 두려움뿐

사울 왕은 큰 일을 앞둘 때면 걱정이나 조바심이 앞서는 사람이었다. 주변 사람들이 감당하기 어려울 정도로 과민해지는 특성이 있었다. 나는 이전에 하프연주가로 왕궁에 출근하여 사울 왕을 위하여 연주를 하곤 했는데, 그때 그의 성품을 조금이나마 엿볼 수 있었다. 마치 공황장애에 걸린 것 마냥 공포에 떨던 그 모습을 잊을 수 없다. 그러니 불한당 같은 저 골리앗 앞에서도 자신 스스로를 메뚜기로 여길 수밖에 없었다. 나는 골리앗의 위협 앞에서 두려워 벌벌 떠는 사울 왕에게 이렇게 말했다.

"저 놈 때문에 어떤 누구도 마음을 잃어서는 안됩니다. 제가 나가서, 저 놈과 싸우겠습니다."

나의 담대함과 패기는 사울 왕 앞에 무모함으로 비칠 뿐이었다. 사울 왕은 손을 저으며 골리앗은 적수가 될 수 없다고 말했다. 군대에서 잔뼈가 굵은 놈이라 아직 어린 나는 턱도 없다는 것이었다. 예상했던 대답이긴 했다. 그러나 나는 나의 결단을 굽히지 않았다. 사울 왕에게 내가 얼마나 준비된 사람인지를 이야기해주었다.

"제 말을 먼저 들어 보시고 판단해주시기 바랍니다. 임금님의 종인 저는 아버지의 양 떼를 지켜 왔습니다. 사자나 곰이 양 떼에 달려들어 한 마리라도 물어가면, 저는 곧바로 뒤쫓아가서 그 놈을 쳐죽이고, 그 입에서 양을 꺼내어 살려 내곤 했습니다. 그 짐승이 저에게 덤벼들면, 그 턱수염을 붙잡고 때려 죽였습니다. 제가 이렇게 사자도 죽이고 곰도 죽였으니, 저 블레셋 사람, 골리앗이란 놈도 그 꼴로 만들어 놓겠습니다. 이스라엘을 모욕한 자를 어찌 그대로 두겠습니까?"

사실 내가 당당하게 말할 수 있었던 것은 단순히 지난날의 경험 때문이 아니었다. 주님께서 나와 함께하신다는 믿음 때문이었다. 나는 이 이야기로 쐐기를 박고자 했다.

"사자의 발톱이나 곰의 발톱에서 저를 살려주신 주께서, 저 블레셋 사람의 손에서도 틀림없이 저를 살려주실 것입니다."

그제야 사울 왕은 출전을 허락했다. 표범 같은 나의 눈빛에 왕도 흔들리는 듯했다. 몸에 남아있는 짐승들과 싸운 흔적, 송곳으로 찔러도 안 들어갈 딴딴한 근육질의 팔뚝도 유심히 보는 듯했다. 특히 나는 사자와 곰들과의 싸움에 최적화된 날렵하고 민첩한 몸을 가지고 있었다.

물론 육체보다 중요한 것은 마음이다. 전쟁은 마음에서부터 시작하는 것이다. 직접 본적은 없지만 이순신 장군도 조선과 일본 사이에 벌어졌던 명량해전에서 이렇게 말했다고 한다.[2-1]

"저에게는 아직 열두 척의 전선이 있습니다. 죽을 힘을 다하여 지키면 오히려 해낼 수 있습니다. 전선이 비록 적으나, 미천한 이 몸이 죽지 않은 한, 적은 감히 우리를 업신여기지 못할 것입니다."

한참 후대의 사람이지만 꽤 멋진 장군임에 틀림없었다. 그에 반해 사울 왕과 그의 군대는 철저히 사기를 잃은 상태였다. 이길 의지가 완전히 꺾인 상태라고나 할까? 이런 상태에서는 누가 나가도 질 수밖에 없다.

돌아보면 나는 그때 마음을 지키려고 노력했던 것 같다. 주님이 나에게 주신 강하고 담대한 마음이 승리의 첫째 비결이었음을 부인할 수 없는 것이다. 이때의 마음가짐은 훗날 지도자가 되었을 때도 꽤 유용하게 활용되었던 것 같다. 지도자의 중요한 자질 중의 하나가 바로 용기가 아닐까! 나는 지도자가 되었을 때에도 마음을 다잡으려고 노력했고 나를 따르는 사람들 또한 마음가짐을 바로 할 수 있도록 이끌어주었다. 그들이 어려운 환경을 타개할 수 있도록 늘 용기를 불어넣어주었으며 낙망 가운데 빠지지 않고 앞으로 전진할 수 있도록 도와주었다.

비대칭 전술을 활용하다

또 한가지 상상을 초월하는 승리의 비결이 골리앗과의 결투 속에 숨어 있다. 사울 왕은 골리앗과 똑같이 무장해야 한다는 고정관념의 틀을 깨지 못했다. 나를 골리앗에게 내보낼 때 그는 자신의 군장비로 나를 무장시키기 시작했다. 머리에는 놋투구를 씌워 주고, 몸에는 갑옷을 입혀 주었다. 허리에 사울의 칼까지 찬 나는 시험삼아 몇 걸음 걸어 보았다. 결투는커녕 걷기조차 불편할 정도였다. 거추장스럽다는 표현이 딱 들어맞을 만큼!

"이런 무장에는 제가 익숙하지 못합니다. 이렇게 무장을 한 채로는 걸어갈 수도 없습니다. 나만의 비장의 무기가 있습니다. 그동안 갈고 닦은 실력을 보여드리겠습니다."

나는 불편한 전투복장을 다 벗어 던졌다. 대신 시냇가에서 돌 다섯 개를 골라 주머니에 집어넣은 다음, 사자와 싸울 때 사용했던 무릿매를 손에 들고 골리앗에게 나아갔다. 나의 전술은 바로 '비대칭 전술'이었다. 승리를 위해서는 차별화 전략을 써야 했다. 분명 사울 왕의 전투방식으로는 도저히 골리앗을 이길 수 없었다. 힘에서나 기술에서 그를 능가할 수 없는 것은 자명한 사실이니 말이다.

만약 내가 똑같은 방식을 택했다면 패배는 불 보듯 뻔한 사실 아니었을까? 특별한 사람이 되고 싶다면 상식부터 파괴해야 한다. 기존의 패러다임을 산산조각 내야 한다. 이에 나는 단거리 미사일공격이라는 비대칭 전술을 사용하기로 했다.

나에게 무릿매가 있었다면 조선의 이순신 장군에게는 거북선이 있었다. 당시 일본의 해전 방식에 맞서 전쟁을 치렀다면 조선은 백전백패였다. 그야말로 왜군은 조선의 골리앗이라고 해도 과언이 아닐 것이다. 이순신 장군의 위대함은 바로 비대칭전략의 전함을 만들었다는 데 있다. 그가 한 말은 들을 때마다 감탄을 자아낸다.[2-2]

"제가 일찍이 왜적의 난리가 있을 것을 걱정하여 특별히 거북선을 만들었사온데, 앞에는 용의 머리를 붙여 입으로 대포를 쏘고, 등에는 쇠못을 꽂았으며, 밖에서는 안을 내다볼 수 없고, 비록 적선 수백 척 속에라도 뚫고 들어가 대포를 쏘게 하였습니다."

당시 왜군의 전선은 기동성이 우수한 반면 삼나무로 건조했다. 이 때문에 상대적으로 내구력이 약했다. 소나무로 건조한 거북선과 충돌한다고 했을 때 어느 편에 유리할 지 말이 필요 없을 정도였다. 아마도 대나무 쪼개듯 왜군의 전선을 쉽게 깨뜨려 버리고도 남음이 있었을 것이다. 또한 거북선은 등판 위에 쇠못을 꽂음으로써 칼과 조총으로 무장하고 백병전에 능한 왜군이 전선 위로 올라서는 것을 차단했다. 이것은 골리앗에 대항하는 무릿매 전술과 다를 바가 없었다. 특히 배 안에서는 밖을 볼 수 있었지만 밖에서는 안을 들여다볼 수 없는 구조를 갖춤으로써 전후좌우의 사방에서 화포를 쏠 수 있었다. 거북선의 이러한 기능은 육지 전투에서의 전차와 같은 기능을 해내기에 충분했다. 곧 적진을 교란하는 돌격선의 역할을 기막히게 수행했다.

　카드놀이에서 패가 읽히면 안되듯, 승리를 위해서는 상대방의 예상을 뛰어넘어야 한다. 틀에 박힌 고정관념은 더 이상 우리를 감동시키지 못한다. 아마도 이 원리는 모든 삶의 영역에서 동일하게 적용되는 것이 아닐까? 비록 해전 경험이 없는 나이지만 이순신 장군에게 환호와 함께 박수를 보내지 않을 수 없다.

참고자료

일본의 기함을 포격하는 거북선

실패는 끝이 아니라고 한다.
포기할 때 끝나는 것이다.
실패하고 포기하고 싶을 때, 이 그림을 생각하라.
모든 불가능을 능히 뚫는 방법은 의외로 멀리 있지 않다.
당신은 위대한 조상을 두고 있다.
이스라엘에 다윗이 있다면 코리아에는 이순신이 있다.

무릿매 기술은 정교한 과학이다

물맷돌 전략에는 '원운동의 과학원리'가 숨어있다. 일정한 속도로 일정한 원을 그려 돌리다가 놓는 순간 목표물을 향해 날아가는 원리다. 후에 뉴턴이라는 과학자가 발견한 운동의 법칙을 나는 일찍이 활용했다고 볼 수 있다.

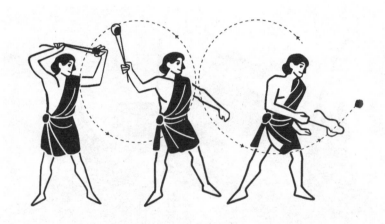

여기서의 파괴력은 충격에너지로 환산되며 돌의 무게와 속도의 제곱에 비례한다. 그리고 날아가는 속도는 시간당 회전수와 원의 반지름에 비례한다. 이때 무릿매의 길이는 사정거리에 따라 짧거나 길게 줄을 바꿔 사용할 수 있다.

무릿매를 던지는 기술에는 두 가지가 있는데 하나는 손목을 중심으로 빠르게 무릿매를 돌리는 기술이다. 이런 경우는 근거리에 유리하다. 두 번째는 무릿매 줄의 길이를 길게 잡고 어깨 관절을 중심으로 돌리며 돌을 던지는 기술이다.

후자의 기술을 쓸 때는 무릿매 줄과 팔 길이를 합친 길이가 반지름에 해당하는데 그 값은 총 2m이고 1초에 2~4회 속도로 돌리다가 놓는다고 가정할 때, 그 순간에 날아가는 속도는 등속원운동 공식에 의해 25~50m/s가 된다. 이것은 시속 90~180km에 해당한다. 곧 주먹 크기만 한 돌의 무게와 목표물에 대한 정확도만 있으면 한방에 적을 죽일 수 있는 파괴력이 발휘된다.

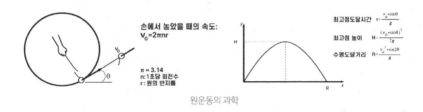

손에서 놓았을 때의 속도:
$V_0 = 2\pi n r$

π = 3.14
n : 1초당 회전수
r : 원의 반지름

최고점도달시간 $t = \dfrac{v_0 \cdot \sin\theta}{g}$

최고점 높이 $H = \dfrac{(v_0 \cdot \sin\theta)^2}{2g}$

수평도달거리 $R = \dfrac{v_0^2 \cdot \sin 2\theta}{g}$

원운동의 과학

무릿매는 원거리 미사일로도 제격이다. 물맷돌을 놓는 순간의 빠르기와 각도에 따라 포물선 운동을 한다. 물매를 수평에서 θ 각도의 방향으로 놓았을 때 초기 속도를 V_0라 하면 날아갈 수 있는 거리, 최고점 높이 등을 알 수 있다.

예를 들어, 수평에서 30도의 각도에, 50m/s의 초기 속도로 돌을 던졌다면, 수평 도달 거리는 220m가 된다. 즉, 날아가는 거리가 엄청나다는 것이다. 이때 최고점의 높이는 32m이며, 그 최고점에 도달하는 시간은 2.5초에 불과하다. 이 정도면 무릿매의 파괴력이 어느 정도인지 상상할 수 있을 것이다.

무릿매 기술은 연습량에 비례한다

파괴력은 차치해 두고 한 가지 의심되는 부분이 있을 것이다. 바로 얼마나 정확하게 조준할 것인지에 대한 문제다. 많은 사람들이 나의 이 이야기를 가지고 다양한 소설을 쓴다는 후문을 접했다. 전능자가 이때부터 미사일 컨트롤러가 되기 시작한다는 그런 내용이다. 물론 전능자의 능력대로라면 충분히 가능한 일이다. 하지만 전능하신 주님께서 나를 사용하실 때는 철저히 훈련과 준비를 거치셨다. 그것이 질서의 주님께서 사람을 사용하시는 방법이기 때문이다.

나는 요즘 핫하다는 '1만 시간의 법칙' 이상으로 연습에 연습을 거듭했다.[3] 타겟이 고정되었을 때만이 아니라 빠르게 움직일 때도 명중시킬 수 있도록 수도 없이 훈련했다. 그것뿐만이 아니다. 직접 달리며 물맷돌을 쏘는 기술을 연마했다. 이 정도면 물맷돌의 달인이라고도 할 수 있다. 잘 훈련된 저격수라고나 할까? 나비같이 날아 벌같이 쏜다는 말의 의미를 충분히 이해하고도 남음이 있었다.

그걸 잘 알기에 나중에 내가 왕이 된 뒤에도 무릿매 부대를 두었다. 무릿매 기술이 전쟁에서 선제공격, 후방공격, 측면공격 등에 매우 우수하게 활용될 수 있기 때문이다.

"이들은 좌우 양손으로 무릿매 돌도 던질 줄 알며 화살도 쏠 줄 아는 사람들로서…"(역대상 12:2)

놀라운 것은 내가 태어나기 백 년 전에 이미 이스라엘에 무릿매 부대가 존재했다는 사실이다. 아마도 내가 물맷돌의 아이콘으로 등극하는 바람에, 무릿매 기술의 시초라고 많이들 생각하겠지만 사실은 그렇지 않다는 소리다.

"이 모든 사람 가운데서 뽑힌 700명 왼손잡이들은, 무릿매로 돌을 던져 머리카락도 빗나가지 않고 맞추는 사람들이었다."(사사기 20:16)

나의 활동시기와 800년가량 차이나는 카르타고의 한니발 장군도 무릿매 부대를 잘 활용한 대표주자였다. 로마와 맞서 싸워 맹위를 떨쳤던 그는 발레아레스 섬의 사람들로 구성된 무릿매 부대를 전술적으로 잘 활용했다. 그것이 가능했던 것은 발레아레스 섬 사람들은 아이가 어릴 때부터 무릿매 기술을 연마시켰기 때문이다. 부모들이 얼마나 지독한지 목표를 명중시키지 못하면 밥을 주지 않을 정도였다. 이들은 한니발 장군과 함께 로마와 맞서는 미사일 부대로 활약했다. 200m 이상 떨어진 사람 크기의 표적도 백발백중으로 맞힐 수 있었던 그들은 무릿매 줄의 길이에 따라 근거리, 중거리, 원거리 미사일을 빗발같이 쏘아 댔다.

한니발은 2차 포에니 전쟁에서 로마군을 완전히 패닉에 빠지게 했는데, 특히 칸나이 전투에서는 그 유명한 초승달 전술을 썼다. 보병을 중앙에 배치하고 기마부대와 무릿매 부대를 측면에 배치한 전투대열을 만든 뒤, 중앙밀집전투를 할 것처럼 초승달 모양의 대형을 갖추었던 것이다. 이것은 로마군이 보병 중심의 전면전에 능한 것을 역이용한 것이라고 할 수 있다.

결국 로마군인들이 본격적으로 중앙을 집중 공격할 때 한니발의 부대는 밀리는 척하며 시간을 끌었고 그 사이 측면에 배치되었던 기마부대와 무릿매 부대는 로마군의 후방을 헤집어 놓기 시작했다. 무릿매 부대가 소나기처럼 투석한 마사일 돌들은 로마기병들을 가격하기에 충분했다. 이 전쟁의 두 지휘관은 바로와 파울루스 집정관이었는데, 파울루스는 무릿매 돌에 맞아 중상을 입고 전사하고 말았다.[4]

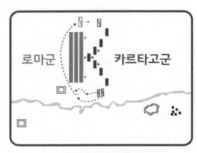
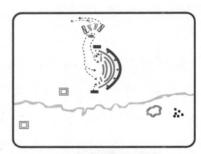

한니발 장군의 칸나이 전투, 출처 : Wikipedia[5]

지금도 무릿매 전술은 계속된다

이후로도 무릿매 미사일 방식은 계속 개발되고 발전되었다고 한다. 최근에는 나의 이름을 따서 이스라엘의 미사일 방어프로젝트를 완성했다는 소식도 들었다.[6] '다윗의 무릿매'(David's Sling)라고 명명했다고 하니, 조금 쑥스럽기도 했지만 뿌듯함도 감출 수는 없었다.

이 요격미사일은 레바논의 무장세력인 헤즈볼라와 이란의 미사일공격을 막기 위해 이스라엘의 라파엘사와 미국의 레이시온이 공동 개발한 것이다. 이 미사일은 중거리(40~300㎞) 범위 내 미사일, 순항미사일, 로켓 등을 요격할 임무를 띠고 있으며 2017년에 실전 배치되었다고도 한다. 이로써 단거리, 중거리, 장거리, 그리고 지구궤도를 도는 위성까지도 요격할 수 있는 지구상 가장 촘촘한 방어체계가 갖추어졌다.

이스라엘의 미사일 요격시스템

출처 : 연합뉴스, 2015.4.2

　　요즘 나는 대한민국 상황에도 관심이 많다. 이스라엘보다 미사일 위협이 더욱 심한 곳이라고 하니 마음이 쓰이지 않을 수 없다. 특히 대한민국 인구의 50%가 수도권에 밀집되어 있으니 수도권은 각종 위협 앞에 고스란히 노출되어 있다고 해도 과언이 아니다. 그만큼 안전에 대한 불안감이 클 수밖에 없을 것이다.

　　대한민국 국민에게는 안전이 보장되고 적에게는 도발의 가능성을 없애는 계기가 마련되어야 할 텐데 걱정이 된다. 남 일 같지가 않다. 한때 이스라엘을 이끌었던 지도자로서, 대한민국도 이스라엘과 같이 평화를 위한 협상력을 키울 수 있길 기대해 본다.

02
내가 갈고 닦은
여섯 가지의 스펙

사무엘상 16장

현대인들에게 내가 특별하게 회자되는 이유 중 하나는 독특한 스펙 때문일 것이다. 나는 전쟁에 능한 군사이기 전에, 양치기였다. 양치기는 나의 첫번째 직업이라고도 할 수 있다. 하나 덧붙이자면 양을 치는 동안 대자연을 감상하며 시를 쓰기도 했다. 그때의 경험을 실어 훗날 시편을 쓰기도 했으니 '시인'이라는 이력을 덧붙여도 무리는 없지 않을까 생각한다.

거기에 악기에 탁월한 재주가 있었다. 나는 양떼들을 거닐며 내가 깨달은 수많은 것들을 마음으로만 담고 있을 수 없었다. 무엇보다 주님을 향한 내 마음을 입을 열어 온 세상에 선포하고 싶었다.

하루는 '나는 주님의 양이며, 주님은 나의 목자 되심'을 노래하고 싶었고 그 자리에서 '주님은 나의 목자시니'로 시작하는 시(시편 23편)를 썼다.

이 시는 나의 처녀작이기도 하다. 요즘 인터넷을 검색하면 한국의 여러 사투리 버전으로 소개되기도 하는데, 저자인 내가 읽어도 배꼽을 잡게 된다. 평안도 버전 일부를 소개하면 다음과 같다.

주님은 내 목자니끼니
내레 부족한게 뭐이가 있간
시퍼런 풀밭에 쉬라딜 않나
목마르문 물가로 데리가딜 않나
지쳤던 이놈에게 생기를 주시디!

주님이 내 곁에 계시니끼니
내레 무서울게 뭐이가 있간
음산한 골째기 지나갈 때나
죽음같은 골째기 지나갈 때도
지팡이로 이놈에게 안전을 주시디!

무엇보다 양치기라는 스펙은 주님의 마음을 알아가는 데 조금이나마 도움이 되었던 것 같다. 그분의 마음을 이해한다는 것 자체가 불가능한 일이지만, 양을 기를 때마다 목자되신 주님의 마음을 아주 조금은 느낄 수 있었던 것이다.

여느 때와 다를 바 없이 열심히 하프를 연주하며 양떼를 지키던 그날의 일이 떠오른다. 나는 그날 내게 주어진 일을 성실히 감당하고 있었다. 그런데 아버지가 나를 급하게 부르며 외쳤다.

"다윗! 희소식이야. 너도 들으면 놀랠 거야!"

차분한 아버지가 평소와 달리 다급해하는 모습을 보이자 나 역시 놀라지 않을 수 없었다. 하지만 나쁜 일은 아닌 것 같아 안심이 되었다.

"아버지, 무슨 일인데, 그렇게 허겁지겁 뛰어오시는 거예요?"

아버지는 희색이 만연한 채 흥분한 어조로 말씀하셨다.

"얘야, 너가 사울 왕으로부터 부름을 받았다. 사울 왕을 위해 악사로 일해달라고 하신다."

평범하게 양을 치던 내 삶에 급격한 변동이 일어나게 된 것이다. 물론 그후로도 나는 아버지의 양떼를 치는 일을 지속했지만, 왕이 부를 때면 얼른 왕궁으로 가야 했다. 곧 사울 왕을 위하여 하프를 연주하는 프리랜서 궁중악사가 된 셈이다. 어찌 보면 투잡을 뛰게 된 것이나 다름없다.

처음 궁으로 향할 때 가장 궁금했던 것은 대체 누가 나를 추천했느냐는 것이었다. 알고 보니 한 신하가 나에 대해 이런 식으로 추천을 했다는 것이 아닌가.

"제가 베들레헴 사람 이새에게 그런 아들이 있는 것을 보았습니다. 그는 수금을 잘 탈 뿐만 아니라, 용사이며, 용감한 군인이며, 말도 잘하고, 외모도 좋은 사람인데다가, 주께서 그와 함께 계십니다."(사무엘상 16:18)

"I have seen a son of Jesse of Bethlehem who knows how to play the harp. He is a brave man and a warrior. He speaks well and is a fine-looking man. And the LORD is with him."(1 Samuel 16:18)

그 신하가 주목했던 나의 스펙은 여섯 가지였다. '수금, 용기, 무용, 구변, 준수함, 그리고 주님이 함께하심.' 나는 이것을 복근의 '식스팩'이 아닌 인생의 '식스팩'이라고 부르고 싶다. 당시 내 나이는 상당히 어렸다. 내가 골리앗을 때려눕혔을 때가 스무 살이니 궁중에 출입할 당시는 십 대 후반 즈음이었다. 지금으로 말하면 청소년기의 정점을 찍는 나이였다.

나는 청소년기에 갖추었던 여섯 가지의 스펙을 현대를 살아가는 청소년들에게 조금 더 자세하게 이야기해 주고 싶다. 여전히 경쟁구도 속에서 공부만 파야 하는 아이들 및 그들의 부모들에게 말이다. 특히 그들은 4차산업혁명의 AI 시대를 앞둔 채 불안해하고 있기까지 하다. 앞으로 어떤 삶을 살아야 할지 가늠하지 못해, 죽어라 고생하면서도 마음 한 켠은 답답함뿐인 삶을 살고 있는 것이다.

스펙1 나는 수금을 잘 탄다 I play the harp

어린 나이에 왕궁에 출근했던 나는 악사로서 최선을 다했다. 사울 왕은 군사로서의 내 잠재력은 그다지 눈 여겨 보지 않았던 것 같다. 대신 나를 매우 귀여워해줬으며 늘 자기 곁에서 시중들게 했다. 그도 그럴 수밖에 없는 것이 그가 정신적으로 힘들어할 때마다 내가 하프를 키면 감쪽같이 정상으로 되돌아오곤 했다. 그러고 보면 나는 역사상 최초의 음악치료사가 아닐까 싶다. 어찌되었든 나는 나의 음악적 재능으로 인해 인정을 받았고, 왕을 위한 독주회도 종종 열게 되었다.

수금을 잘 탄다는 것을 오늘날 어떻게 재해석할 수 있을까? 특기 혹은 달란트를 발휘한다는 의미로 볼 수 있지 않을까? 부모는 자녀 안에 있는 모든 달란트를 발산시키도록 도와야 한다. 노래면 노래, 악기면 악기, 미술이면 미술, 운동이면 운동….

인간을 만드신 주님은 우리에게 달란트를 주셨고 그 달란트를 극대화하길 원하신다. 그러나 현대 사회는 오직 공부로서만 승부하려는 경향이 짙다. 이 사회는 더 이상 지적 능력만을 요구하지 않는다. 달란트도 실력이다. 주님이 주신 달란트를 발견하고 그것을 발현해 나가면 누구나 성공적인 삶을 살 수 있다.

스펙 2 | 나는 용감하다 I am brave

양떼를 돌보는 동안 사자나 곰이 양을 물어가는 것은 일상적인 일이었다. 나 또한 그런 공격이 올 때마다 마음을 굳게 먹고 양을 지켰다. 절대로 포기하지 않았다. 끝까지 쫓아가서 사자나 곰과 싸웠고 양을 되찾아 왔다. 나는 내게 맡겨진 일에 대해 '열정과 책임감'으로 성실하게 임했다.

요즘 사람들에게 사자나 곰 이야기를 하면 먼 옛날의 이야기로만 생각할 지도 모르겠다. 그러나 현대판 사자나 곰이 존재함을 명심해야 할 것이다. 자녀를 공격하는 사자와 곰들이 얼마나 많은지 모른다. '낮은 성적'이라는 사자, '인간관계'라는 곰, '열등감'이라는 늑대, '중독성 강한 게임'이라는 여우…. 지금 자녀는 이들의 공격에 시달린다.

부모가 지금 자녀를 위해 해야 할 것은 이러한 맹수들과 싸워 이기는 용기를 심어주는 것이다. 그것에 휘둘리지 않는, 열정과 담대함을 가진 인재로 키워 나가야 하는 것이다. 그런 인재가 이 시대가 간절히 요구하는 인간상이기도 하다.

스펙 3 | 나는 전사다 I am a warrior

나와 골리앗의 싸움은 세상에서 가장 유명한 이야기다. 내가 사용했던 무릿매 전술을 현대적으로 어떻게 표현할 수 있을까? 다른 사람들과 차이를 만들어 내는 '탁월한 전문성'이 아닐까?

저마다 자기만의 무릿매가 있을 것이다. 그것을 갈고 닦아야 한다. 곧 전문화시켜야 한다. 세상의 대세를 따라갈 것이 아니라, 자신의 무릿매를 잘 활용하려고 해야 한다.

얼핏 보았을 때 한국은 '영어만 잘하면 출세할 수 있다'는 골리앗식 사고방식에 빠져 있는 듯하다. 영어 자격시험(토플, 토익, 텝스 등) 준비에 청춘을 바치는 한국의 젊은이들이 너무도 많은 것을 보고 놀라지 않을 수 없었다. 하루는 한국 청년에게 물어봤다. 왜 그렇게 영어 자격시험에 연연하느냐고…. 그 청년은 이렇게 말했다.

"회사에서 영어 자격시험 점수를 중요하게 보니까요."

순간 한국의 청년들이 불쌍하게 느껴졌다. 동시에 그러한 인사 정책을 펴는 회사들이 한심하게 느껴졌다.

이뿐만이 아니다. 사교육 광풍 속에서 너도나도 자녀들에게 주입식 공부만을 권한다. 아이들은 'No.1'이 되려고 서로 물어뜯고 경쟁한다. 그러나 1등만을 좇는다면 사회나 회사에 이용당하는 상품이 될 뿐이다. 쓸모 없으면 용도폐기 당하는 것은 자명한 사실이다.

나는 아이들이 'Only 1'이 되길 바란다. 'No.1'이 상품이라면 'Only 1'은 작품이다. 그런 차원에서 한국의 아이들에게 꼭 물어보고 싶다.

'너 자신만의 물맷돌은 무엇이니?'

스펙4 나는 구변이 좋다 | speak well

'구변이 좋다'는 말은 단순히 말을 잘한다는 것을 의미하지 않는다. 자기의 생각을 잘 표현하며 소통과 설득을 할 줄 안다는 것을 뜻한다. 나는 사람들에게 설명하는 것을 좋아했다. 소통도 매우 중요시 여겼다.

하루는 전쟁터에 있는 형들에게 아버지 심부름으로 도시락을 갖다 주러 간 적이 있었다. 이때 나는 골리앗의 기세에 눌려 있는 나의 민족을 발견했다. 나는 골리앗을 향해 거룩한 분노를 쏟아냈다. 그리고 골리앗 앞에 나가야겠다는 허무맹랑해 보이는 결심을 하게 되었다.

갓 스무 살 밖에 되지 않았던 나에게 전장에 나선 경험이 있을 리 만무했다. 그 누구도 나를 대환영하면서 '어서 나가 골리앗과 싸워달라'고 하지 못할 것이다. 개미 한 마리가 코끼리 머리 위에 올라탄 후 '코끼리야! 내가 너를 콱 밟아 죽이겠다'고 말하는 것과 다를 바 없기 때문이다. 무엇보다 나에게 국운을 맡긴다는 것은 미친 짓이나 다름없었다.

그러나 나는 사울 왕을 설득하기 시작했다. 내가 나가 싸워야 한다고 주장했다. 마구 떼를 써서는 될 일도 안 됨을 잘 알았기에 내 주장에 대한 이유를 조목조목 대기 시작했다. 사자와 곰 등 맹수들과 싸워 이겼다는 나의 경험담은 그의 마음을 돌리기에 충분했다. 무엇보다도 주님이 나와 함께하신 경험에 대해 힘주어 말했다. 우리를 두려움에 떨게 하는 골리앗과의 싸움에서도 주님께서 반드시 승리케 하실 것이라는 나의 결론을 듣자 사울은 최종 결정을 내렸다.

"다윗을 출전시켜라!"

유대인들이 잘 하는 것이 바로 토론이다. 디베이트라는 논쟁은 누가 누굴 이기느냐에 집중하지만, 유대인의 토론에는 항상 논쟁이 아닌 협력과 새로운 배움을 위한다는 전제를 두고 진행된다. 그 점에서 분명한 차이를 보인다. 그리고 그 전통은 지금까지도 이어지고 있다. 우리 자녀에게도 이같은 커뮤니케이션 능력과 설득력이 필요하다. 자기 욕구를 충족시키기 위해서가 아니라, 대의를 위해서 뜻을 분명하게 전달하는 능력 말이다. 이를 위해서는 생각하는 힘을 키워야 한다. 논리를 세워 진실한 글을 써 보아야 한다. 자기 의견을 잘 피력할 수 있는 토론의 장을 열어야 한다. 패배의식에 젖어 있는 사람을 설득하며 희망을 제시해 보아야 한다.

스펙5 나는 외모가 좋다 I am a fine-looking man

영어를 잘 안 쓰는 나조차도 잘 아는 표현이 있다. 바로 'How are you?'다. 그때 어떤 대답이 나오는지도 알고 있다. 'I'm fine'이다. '좋은'이란 말을 가진 fine은 얼굴에서 잘 드러나야 한다. 곧 말로만이 아니라 얼굴에 그 말이 쓰여 있어야 한다.

'외모가 좋다'는 말 또한 미남이라는 의미보다는 fine의 의미에 더 가깝다. 즉, 나는 인상이 좋은 편이었다. 멀리서 보기만 해도 그야말로 'fine-looking'인 셈이다. '얼짱'보다 중요한 것은 좋은 인상, 좋은 표정이 아닐까? 얼굴이 아무리 예뻐도 늘 수심이 가득하고 우울한 표정이라면 주변 사람들에게 행복을 주지 못할 것이다.

부정적 사고방식과 찡그린 인상, 무뚝뚝한 표정 등은 날려버려야 한다. 대신 주변을 환하게 비춰주는 표정을 얼굴에 머금어야 한다. 'fine-looking face'가 당신의 얼굴이어야 하지 않을까?

스펙 6 주님이 나와 함께하신다 The Lord is with me

주님이 함께하심을 어릴 때부터 경험하는 것처럼 인생의 큰 자산은 없을 것이다. 이런 사람은 자존감이 높고 모든 면에 당당하다. 쭈뼛거리거나 주저하거나 빌빌거리지 않고 담대함마저 갖게 된다. 열등감에 빠지지도 않는다. 비교의식과 과도한 경쟁의식으로 인생을 허비하지도 않는다. 전능하신 주님이 함께하시는데 뭘 못하겠으며, 어디인들 못 가겠는가? 그런 사람들은 분명한 삶의 목표가 있기에 푯대를 향해 달려가고 불가능에 도전할 수 있다.

내가 양떼를 치고 있던 어느 날, 아버지가 심부름꾼을 보내 나를 선지자 사무엘에게 데려갔다. 거기에는 이미 아버지와 형들이 모여 있었다. 사무엘 선지자는 내 머리 위에 준비해 놓았던 기름을 붓기 시작했다. 기름을 붓는다는 것은 주님이 쓰실 사람이나 물건을 성별하는 의식을 말한다. 나는 영문도 모른 채 사무엘에게 순종했다. 후에 알았지만 사울 왕의 불순종으로 이스라엘을 이끌 왕을 다시 뽑게 되었고 바로 내가 주님께 캐스팅되었다고 했다. 내가 캐스팅될 당시 주님의 뜻에 대해 선지자 사무엘은 이렇게 기록하고 있다.

"나는 사람이 판단하는 것처럼 그렇게 판단하지는 않는다. 사람은 겉모습만을 따라 판단하지만, 나 주는 중심을 본다."(사무엘상16: 7)

솔직히 왕이 될 것이라는 말은 나에게 먼 나라 이야기로 들렸을 뿐이다. 왕이 될 깜냥이라고 생각해 본 적이 없었기 때문이다. 시골 초원에서 양이나 치던 촌뜨기가 왕은 무슨 왕? 그러나 한 가지 의심하지 않았던 사실이 있었다. 나는 정말로 주님을 사랑했다. 아침에 눈만 뜨면 '오늘은 어떻게 주님을 기쁘시게 해드릴 수 있을까' 하고 기도했다. 주님께서는 그런 나의 중심을 예쁘게 봐주셨다. 한글 성경에서는 '중심'이라고 쓰고 있지만 히브리어로 보면 '마음'(heart)이라고 표현한다. 물론 단순한 마음을 의미하는 것이 아니다. 이 단어에는 의지, 정서, 지성까지 포함되는 전인격적 의미가 내포되어 있다. 후에 신약성경에서 나를 '주님의 마음에 합한 자'(A person after God's heart)라고 표현한 것을 보면, 마음이라는 것이 주님 앞에 얼마나 중요한 부분이었는지를 다시금 확인할 수 있다.

"내가 이새의 아들 다윗을 찾아 냈으니, 그는 내 마음에 드는(합한) 사람이다. 그가 내 뜻을 다 행할 것이다."(사도행전 13:2)

나는 주님의 마음(중심)을 매우 열심히 따르며 좇으려고 노력했다. 이심전심이라는 말이 있듯이 "주님 마음, 나의 마음"이라는 표어가 내 인생의 모토였다.

나는 주님의 사람으로서 삶의 중심인 스피리추얼 파워를 키웠고, 문학적 창작력으로 브레인파워를 키웠다. 또한 긍정과 열정으로 멘탈파워를, 소통과 설득으로 네트워크 파워를 키웠다. 거기에다가 무릿매 연습과 날쌘 짐승들과의 싸움을 통해 바디파워를, 부모에게 효도하고 민족을 사랑하는 것을 통해 모럴파워를, 양떼를 돌보는 것을 통해 리더십파워를 고루 갖추도록 노력했다.

이것은 오늘날 기업과 사회가 원하는 인재상에 부합한다. 어떤 조직이든 신앙만 좋고 실력은 없는 사람을 원하지 않는다. 신앙과 실력은 이원화할 수 있는 요소가 아니다.

세븐파워 인재상[7]

♕

내가 주를 의뢰하고 적군을 향해 달립니다.
나는 당신과 함께 장벽을 뛰어넘을 수 있죠.
하나님의 길은 완전하고 주의 말씀은 흠이 없으니까요.

주는 당신께 피난하는 모든 사람의 방패이시죠.
주님 외에 누가 하나님인가요?
우리 하나님 외에 누가 반석인가요?

주는 내게 힘주시고 내 길을 완전하게 하시죠.
나의 발을 암사슴 발 같게 하시며
내가 높은 곳에 설 수 있게 하시죠.

(시편 18:29-33, 다윗의 시에서)

PART 2
연단의
시간

KING
DAVID
RETURNS
THE LEADER WHO LEADS LEADERS

03
국민영웅에서
숙청대상으로

사무엘상 18~21장

인기는 시기 질투를 부른다

나는 골리앗을 이긴 전투로 말미암아 꿈만 같은 시간들을 보냈다. 왕의 사랑을 독차지하는 것은 물론, 국민들의 찬사가 하늘을 찌를 듯했다. 그야말로 자고 일어나 보니 스타가 된 격이었다. 나의 인기는 고공행진을 했고 그 가운데 사울 왕의 아들 요나단과도 의형제를 맺을 정도로 가까워졌다. 형 요나단은 제 목숨을 아끼듯 나를 아껴주었고 나를 왕궁에 머물도록 배려해주기까지 했다. 이후로도 나는 사울이 어떤 임무를 주든지 척척 해냈었고 결국 장군으로 임명되었다. 왕의 결정에 누구도 반발하지 않았다. 온 백성은 물론 사울의 신하들까지도 당연한 처사라 여겼다.

어느 날 블레셋 군대와의 전투에서 승리하고 군인들과 함께 돌아올 때의 일이었다. 사울 왕을 모시고 승리의 개가를 부르며 성으로 돌아올 때, 이스라엘 모든 성읍의 여인들이 소고와 꽹과리를 들고 나와 노래하고 춤추며 환호성을 질렀고 이렇게 외쳤다.

"사울은 수천 명을 죽이고, 다윗은 수만 명을 죽였다."

내가 사울 왕보다 훌륭하다는 노랫말이었다. 순간 사울 왕의 마음이 뒤틀리기 시작했다. 온화하고 사랑스럽기 그지없던 날 향한 눈빛이 어느새 경계하는 눈빛으로 변해 있었다. 정감 넘치는 말투 또한 시기하는 말투로 바뀌었다.

그것이 전부가 아니었다. 그는 불안해하기 시작했고 어느 날은 미친 듯이 헛소리를 지르더니 나를 벽에 박아버리겠다고 소리쳤다. 그도 모자라 자기가 가지고 있던 창을 하프를 키고 있던 나에게 던졌다. 나는 가까스로 창을 피해 달아났는데 그것으로 끝나지 않았다. 그가 벽에 박힌 창을 빼어 나에게 다시 던지는 것이 아닌가! 우발적인 공격이 아니라 의지적으로 나를 죽이려 했음을 알려주는 장면이었다. 두려웠지만 죽음을 모면하게 된 것이야 말로 기적이라 생각했다. 주님이 살려주셨다고 밖에 달리 표현할 길이 없었다.

격한 감정이 누그러진 사울은 나를 가까이 두지 말아야겠다고 생각했던 것 같다. 이때 그가 쓴 수법은 나를 천부장으로 승진시켜 왕궁을 떠나 전쟁터로 나가게 하는 것이었다. 아마도 그는 승패 여부를 떠나 나라를 위해 내가 목숨이라도 바치길 바랐는지도 모른다. 그런데 내가 부대를 이끌고 출전할 때마다 주님이 함께하셔서 늘 승리를 거두게 되었다. 그럴수록 국민들의 찬사는 더욱 더 높아갔고 그만큼 사울은 나를 더 미워하기 시작했다.

사울 왕은 애초에 골리앗을 때려눕힌 자에게 자기 딸 메랍을 주겠다고 약속했다. 그러나 그 약속은 지켜지지 않았다. 또 다른 딸 미갈이 나를 좋아한다는 사실을 안 사울은 딸을 나에게 주겠다고 했지만 단서를 하나 붙였다. 블레셋 군인들 백 명의 목숨을 죽인 증거물로 그들의 포피를 잘라 오라는 것이었다. 나에게 이러한 미션을 준 이유가 있었다. 내가 그 블레셋 군인들에 의해 죽기를 바랐던 것이다. 그러나 나는 왕의 요구에 두 배로 미션을 수행했고 미갈과 결혼하기에 이르렀다.

왕의 사위가 되었다고 해서 나의 안전이 보장된 것은 아니었다. 날이 갈수록 나에 대한 왕의 적개심은 커져만 갔고, 결국 그는 나의 목을 쳐서 지구상에서 없애기로 작정했다. 어느 날, 아내 미갈이 아버지의 계획을 알아채고는 나에게 귀띔해주었다.

"당신은 오늘 밤에 피해야 해요. 그렇지 않으면 내일 틀림없이 죽임을 당할 거예요. 아버지가 부하들을 우리 집으로 보내어 지키고 있다가 아침에 죽이라고 시켰어요."

그날 밤 미갈 덕분에 집을 빠져나와 겨우 목숨을 부지할 수 있었다. 나는 가장 먼저 사무엘 선지자에게 찾아가 그동안에 있었던 일들을 하소연했고 그가 운영하는 스피리추얼 리더 스쿨에서 얼마간 지냈다. 또 요나단을 찾아가 얘기해 봐도 사울 왕의 나를 향한 결심이 확고부동하다는 것을 재확인했다. 그 상황에서 내가 할 수 있는 일은 도망가는 것뿐이었다. 사울 왕이 나를 살해하려고 한다는 분명한 증거를 얻자 궁중악사와 천부장 자리에 대한 사직서를 낼 겨를도 없었다. 그때부터 나의 공식신분은 '도망자'였다.

그때는 왜 나에게만 이런 가혹한 일이 생기나 싶었다. 그러나 3천 년이 지난 21세기의 정치상황을 보면 내가 당했던 것과 흡사한 일들이 버젓이 펼쳐지고 있는 것 같다. 어제까지 함께 일하던 사람들이 원수와 정적이 되고 서로 물어뜯지 못해 난리인 경우가 얼마나 많은가.

바로 권력의 독 때문이다. 명분은 국가를 위한 것이라고 하지만 실상은 본인의 이기적인 권력욕 때문에 인간성을 상실해 간다. 철저히 교활해진다. 온갖 방법을 동원하여 자기보다 인기 있는 자를 끌어내린다. 누군가가 내 위에 올라서는 상황 자체를 허락하지 않는다. 그런 사람을 두게 되면 언젠가 자기 자리를 뺏길 것이라는 두려움이 생기기 때문이다.

특히 그 두려움은 질투로 변하는 것에 그치지 않고 숙청 작업으로 이어진다. 본인이 있는 한 절대로 복권을 소망하기 힘들게끔! 이는 민주주의가 잡히지 않은 모든 나라의 공통점이다.

바닥에 떨어져 있을 때보다 떨어지기 시작할 때가 견디기 힘든 법이다. 그 심적 고통은 이루 헤아릴 수가 없다. 자기를 못살게 구는 장본인을 생각하면 이가 갈리고 반드시 복수하고 싶은 욕망이 솟구치게 된다. 아니면 처절한 실망감과 회의감이 몰려와 세상을 떠나버리고 싶어하는 경우도 있을 것이다. 그만큼 누군가의 욕심에 의해 밀려나고 쫓겨나야 하는 사람은 보다 더 뼈아픈 시련을 겪는다. 나는 그들의 마음을 누구보다 잘 안다. 내가 생생하게 겪어보았기 때문이다.

개죽음 당할 위기에 처하다

자랑처럼 들리겠지만 나는 의지가 강한 편이다. 쫓기는 상황에서도 무너지지 않을 거라 자신하곤 했다. 그러나 더 이상 내 나라에서 발붙일 곳이 없어 보이자 살 길을 새롭게 모색하기 시작했다. 결론은 망명이었다. 그것도 블레셋으로의 망명이었다. 이 얼마나 비극적인 일인가! 얼마 전까지만 해도 내가 직접 전쟁에 참여해서 물리쳤던 적국이 블레셋 아닌가! 하지만 그 상황에서는 별 도리가 없어 보였다. 결국 블레셋의 중심 도시며 골리앗의 고향인 '가드'로 도망가기로 했다. 나는 사울 왕의 핍박과 추격에 지칠 대로 지쳐 있었다.

당시 나는 연속되는 목숨의 위협 속에서 판단력이 흐려졌던 것 같다. 오직 살기 위한 길만을 찾았다고나 할까? 그렇기 때문에 적국임에도 내 생명을 부지하는 가장 안전한 방법 같다는 이유로 결심을 굳혔다.

나는 가드에 도착하자마자 왕 아기스를 찾아갔다. 단, 내가 다윗이라는 신분은 철저히 감추었다. 그러나 나의 기대와는 상황이 다르게 전개되어 나갔다. 이미 나는 너무 유명해진 상황이었다. 의도치 않게 아기스 왕에게 보고하는 신하들의 말을 엿듣게 되었다.

"이 사람은 분명히 저 나라의 왕 다윗입니다. 이 사람을 두고서, 저 나라의 백성이 춤을 추며, 이렇게 노래했습니다. '사울은 수천 명을 죽이고, 다윗은 수만 명을 죽였다.'"(사무엘상 21:11)

나는 그들이 하는 말을 듣고 가슴이 뜨끔했다. 그제야 정신이 번쩍 들었다. 그때 한가지 생각이 섬광같이 나의 뇌리를 스쳐 지나갔다.

"아뿔싸, 난 이제 죽었다. 블레셋 사람에게 개죽음 당하겠구나!"

완전히 독 안에 든 쥐가 되어버린 격이었다. 스스로 죽음을 향해 들어온 셈이 아닌가! 도저히 살아남을 가능성이 없어 보였다. 그들이 주고받는 대화만으로도 나를 향한 적개심을 느끼기에 충분했다. 그들 마음에는 자신들의 거인 용사 골리앗을 죽인 치욕이 다시 솟아오르는 듯했다. 아마도 그들은 지금이야 말로 골리앗의 원수를 갚을 절호의 기회라고 생각했을 것이다.

나는 이 위기를 이겨내고 반드시 살아남아야 한다는 생각뿐이었다. 그 집념이 불타오르는 가운데 내 인생 처음이자 마지막으로 미치광이 흉내를 내기 시작했다. 얼마나 부끄러웠는지 모른다. 지금 생각해도 낯 뜨거운 기억이다. 그러나 내가 그때 할 수 있는 유일한 일은 그들이 보는 앞에서 미친 척을 하는 것뿐이었다. 그들에게 잡혀 있는 동안 나는 계속 미친 사람처럼 행동했다. 성문 문짝 위에 아무렇게나 글자를 긁적거리기도 하고, 수염에 침을 질질 흘리기도 했다. 나의 이런 행동에 왕 아기스는 황당함을 금치 못했다. 이윽고 신하들에게 소리쳤다.

"아니, 미친 녀석이 아니냐? 왜 저런 자를 나에게 끌어왔느냐?"

나조차 내 자신이 한심하게 느껴졌다. 내가 누구인가? 이스라엘의 국민영웅이다. 그런데 영웅의 기개는 다 사라져 버렸고, 완전 바닥을 헤매는 인생이 되어버렸다. 나의 자존심은 처참히 무너져 버렸다. 아무리 눈을 비벼도 의지할 곳 없는 나는 더 이상 골리앗을 때려잡은 챔피언이 아니었다.

그러나 나는 그 순간 새로운 자기 직면의 기회를 가졌다. 죽음 앞에서 자기 자신을 돌아보는 순간을 맞이했다고나 할까? 주님을 의지하지 않고 나의 힘으로 모든 것이 통할 것이라고 착각했던 나를 돌아보았다. 내 운명을 스스로 개척해 나갈 것이라고 과신했던 교만함을 떠올렸다.

나의 모습에 기막혀 하던 아기스는 재수없다는 듯 신하들에게 말했다.

"나에게 미치광이가 부족해서 저런 자까지 데려다가 내 앞에서 미친 짓을 하게 하느냐? 왕궁에 저런 자까지 들어와 있어야 하느냐? 당장 내 쫓아라!"

이 소리를 듣는 순간 나는 속으로 안도의 한숨을 쉬었다. 아기스가 나를 죽일 의사가 없는 것을 보니 나의 미치광이 연기에 감쪽같이 속았다.

'후유, 죽음은 모면하는구나!'

이런 생각을 함과 동시에 내가 깨달은 것이 있다. 세상에서는 의지할 데가 없다는 진리 말이다. 하지만 이 세상 안에는 의지할 곳이 없어도 나를 지켜줄 진정한 피난처는 존재한다는 사실을 함께 깨닫게 되었다.

"아무리 둘러보아도
나를 도울 사람이 없고,
내가 피할 곳이 없고,

나를 지켜줄 사람이 없습니다.
주님, 내가 주님께 부르짖습니다.
'주님은 나의 피난처, 사람 사는 세상에서 내가 받은 몫은
주님뿐'이라고 하였습니다."

(시편 142:4-5)

나는 외로움과 죽음의 공포를 이기게 하시는 분! 바로 나를 보호하시는 주님의 손길을 깨닫게 되었다. 나는 더 이상 좌절하지 않으리라 결심했다. 그 와중에 오히려 새로운 소망이 넘쳤다. 주님만이 희망이 된다는 것을 발견하자 죽음도 두렵지 않았다. 가드 왕 아기스와 신하들은 내가 미쳤어도 단단히 미쳤다고 생각했는지 쫓아 내버렸다. 재수없다는 듯한 눈빛과 함께! 이 위기 덕분에 나는 아래의 시를 쓰게 되었다.

"주님이여 나를 긍휼히 여기소서
사람이 나를 삼키려고 종일 치며 압제하나이다.
나의 원수가 종일 나를 삼키려 하며
나를 교만히 치는 자 많사오니
내가 두려워하는 날에는 주를 의지하리이다.
내가 주님을 의지하고 그 말씀을 찬송하올지라.
내가 주님을 의지하였은즉 두려워 아니하리니
혈육 있는 사람이 내게 어찌 하리이까"

(시편 56:1-4)

04
동굴에서 결성된
'다사모'

사무엘상 22장 1~2절

나는 적국인 블레셋에 제 발로 들어가는 어이없는 짓을 저질렀지만,
미친 척을 한 덕에 가까스로 목숨은 부지할 수 있었다. 미련한 결정을 한
나를 주님은 버리지 않으시고 빠져나올 수 있게 하셨다.

블레셋에서 빠져나왔지만 당장 머리 둘 곳 없는 처지가 돼 버린 나는
이스라엘 땅으로 다시 기어들어왔다. 그때 나는 '아둘람' 동굴에서의 은
닉 생활을 결심했다.

주님만이 유일한 피난처 되신다는 사실을 깨달은 나였지만, 아직도 사울에 대한 섭섭한 감정은 가시지 않았다. 거기에 외로움이 밀려왔다. 때로는 아무도 듣지 않는 동굴 속에서 사울에게 소리 높여 욕을 쏟아 붓기도 했다. 그러나 그 욕은 동굴 속에서 메아리가 되어 나에게 다시 돌아오곤 했다. 처절한 외로움과 싸우고 있는데, 정신을 차리고 보니 그곳에는 주님이 계셨다. 주님은 나의 억울함과 원통함을 들어주고 계셨다. 그 상황에서 유일하게 나를 위로하시고 나의 서러움을 들어주시는 분, 주님! 그 자리에서 주님께 나의 심정을 토해 내었다.

"나의 부르짖음을 들으소서.

나는 심히 비천하나이다.

나를 핍박하는 자에게서 건지소서.

그들은 나보다 강하나이다."

(시편 142:6)

동굴 속에서 지내는 동안, 어찌된 영문인지 사람들이 몰려왔다. 내가 여기에 있다는 소식을 알고 왔다는 게 아닌가! 내 가족들이 오기 시작한 이후로 한두 사람도 아닌 4백 명이나 되는 사람들이 몰려왔다.

"그들뿐만 아니라, 압제를 받는 사람들과 빚에 시달리는 사람들과 원통하고 억울한 일을 당한 사람들도, 모두 다윗의 주변으로 몰려들었다. 이렇게 해서 다윗은 그들의 우두머리가 되었는데, 4백여 명이나 되는 사람들이 그를 따랐다."(사무엘상22:2)

이들은 나와 의기투합하기를 원했다. 저마다 뭔가 일을 터뜨리기 위해 온 것 같은 눈빛을 하고 있었다. 아직도 그 눈빛이 생생하다. 나는 그들과 힘을 모았다. 다사모(다윗을 사랑하는 모임)라는 그룹이 태동하는 순간이었다.

약한 자들과 함께하다

나는 피신하는 동안 특별한 시간을 가졌다. 주님과 독대하는 시간이

랄까. 그 어느 때보다 주님과 깊이 대화할 수 있었다. 나는 불현듯 찾아온 시련과 연단에 대한 주님의 뜻을 여쭈었다. 주님과 독대하는 기회를 통해 이 모든 상황이 나에게 반드시 필요하다는 것을 깨달았고 겸손의 자리로 나아갈 수 있었다.

특히 나를 찾아온 이들과 함께하며 새로운 사실을 깨닫게 되었다. 그들은 사울 왕이 정치를 제대로 못하여 백성들의 원성이 자자하다고 전했다. 세금을 과하게 부담해야 하는 것은 물론, 정치적 억압을 당하고 분통 터지는 일들을 겪고 있다는 것이 아닌가! 이곳에 4백 명이 모일 정도니 백성들의 민심이 사울에게서 떠나고 있다고 해도 과언이 아닌 듯했다.

그러고 보면 나는 신세 한탄만 할 처지가 못되었다. 비슷한 환경에 놓인 사람들이 모였으니 내 고통이 제일 크다고만 말할 수 없는 상황이었던 것이다. 그 사람들과 며칠 생활해 보니 그들 또한 사울 왕에게 받은 상처로 말 못할 괴로움을 겪고 있었다. 분함, 억울함, 원통함, 복수심이 그들의 영혼을 갉아먹고 있기까지 했다. 이들을 보며 나는 나 자신을 추스를 뿐만 아니라 이들의 미래도 책임져야 함을 실감하게 되었다.

무엇보다 바닥에 있는 인생들을 보면서 내가 보이기 시작했고, 나의 내면에 있었던 상처도 보게 되었다. 사울에 대한 섭섭함이 넘치다 못해 미움과 분노가 나를 지배하고 있다는 사실을 발견한 것이다.

이제 나의 처지를 살펴 달라고 애원하는 사사로운 감정에서 벗어나야 했다. 한 그룹의 우두머리로서 책임을 다할 때가 온 것만 같았다. 순간 과거의 양떼를 먹이고 돌봤던 시간들이 떠올랐다. 그때를 기억하며 결단을 내려야 할 때가 왔음을 직감했다. 주님은 어린 시절 양떼를 성실하게 책임졌던 것처럼 이제는 인간 양무리를 책임질 것을 요구하셨다.

나는 그 사명을 품은 채 그들에게 주님을 먼저 의지하자고 말했다. 그것이 우선순위이자 지금 우리가 해야 할 가장 중요한 것임을 강조했다.

"주님께 몸을 피하는 것이,
사람을 의지하는 것보다 낫다.
주님께 몸을 피하는 것이,
지위가 높은 사람을 의지하는 것보다 낫다."

(시편118:8-9)

상처를 날려버리다

이들과 함께하며 깨달은 사실 하나가 있다. 그들의 상처를 보듬는 동안 나의 상처가 수술대 위에 먼저 드러나게 된 것이다.

주님은 우선적으로 나의 상처를 날려버리라고 명하시는 것 같았다. 내가 먼저 치유되어야 그들이 치유될 수 있었기 때문이다. 나는 결단했다. 사울로부터 받은 모든 상처를 날려 버리기로 했다. 그렇게 마음을 먹자 마치 아침 해가 떠오르는 것 마냥 기분 좋은 설레임과 흥분이 밀려왔다. 새로운 시대를 여는 것과 같이 희망이 넘쳤다. 그때 주님을 향한 나의 결심을 아직도 잊을 수가 없다.

"주님이여 내 마음이 확정되었고,

내 마음이 확정 되었사오니,

내가 노래하고 내가 찬송하리이다.

내 영광아 깰지어다

비파야, 수금아, 깰지어다 내가 새벽을 깨우리로다.

주여 내가 만민 중에서 주께 감사하오며

열방 중에서 주를 찬송하리이다.

대저 주의 인자는 커서 하늘에 미치고

주의 진리는 궁창에 이르나이다.

주님이여 주는 하늘 위에 높이 들리시며

주의 영광은 온 세계 위에 높아지기를 원하나이다."

(시편 57:7-11)

그 순간부터 나는 나를 얽어 매고 있는 것에 연연해하지 않게 되었다. 더 이상 패배감과 죽음의 그림자가 나를 두렵게 하지 못했다. 깜깜한 동굴 속에서 울리기 시작한 나의 찬양은 순식간에 동굴 속을 가득 메웠고, 아름다운 화음으로 나에게 되돌아왔다.

나의 꿈은 사울의 박해를 피하는 것이 아니라, 주님의 이름이 온 세계 위에 높아지는 것이었다. 나 자신의 이름이 이스라엘 위에 높아지는 꿈이 아니라 주님이 온 세계 위에 높아지고 천하만민으로부터 영광 받으시는 꿈을 꾸게 되었다.

상처가 분노로 발전해서는 안 된다

살다 보면 상처를 받지 않을 수 없다. 가정에서는 부모님과 형제에게 상처를 받고 학교에서는 선생님과 친구들에게 상처를 받는다. 그것으로 끝이 아니다. 성인이 되어 사회로 나오면 일터라는 공간에서 더 다양한 상처와 마주하게 된다. 특히 경쟁관계에 놓인 동료들이나 상사들로부터 쓰라린 상처를 받는다.

우리의 삶의 영역은 늘 상처에 노출되어 있다. 특히 정치를 하는 사람들 사이에서는 상처를 주고받는 것이 더 익숙한 듯하다. 그들은 너무나 쉽게 타격을 주고받을 수 있는 위치에 있다. 네가 죽어야 내가 산다는 극렬한 경쟁 의식 때문일까? 상대방에게 상처를 입히려는 노력을 주야로 실천에 옮긴다. 상처를 입히는 방법도 여러가지이다. 가장 쉬운 것은 일단 뜬금없는 헛소문을 퍼뜨리는 것이다. 모함하여 도덕성에 타격을 가하고, 뒷조사하여 상대방 약점을 캐내고, 함정에 빠뜨린다. 거기에 말에 대한 진의를 왜곡시키고 사상 문제를 거론하고 과거를 들추는 등 갖가지 방법으로 인신공격을 한다. 그밖에도 헤아릴 수가 없을 만큼 많은 방법으로 서로를 괴롭힌다. 그만큼 정치인들은 언제 어디서 공격을 당할지 모른다.

전혀 말도 안 되는 소리를 듣게 되면, 속에서 불이 나기 마련이다. 잠도 이루지 못할 뿐만 아니라 자다가도 벌떡 일어나는 상황이 발생한다. 상대방의 얼굴만 떠올려도 미움과 증오가 복받쳐 오를 정도다. 심지어 어떻게 역공을 펼칠 지를 모색하기도 한다. 가만히 있으면 지는 것 같고 자존심도 상하기에 맞불 작전을 구상하는 것이다. 하지만 그랬다가 역풍을 맞는 게 부지기수다.

상처 및 그에 따른 복수와 관련하여 내가 꼭 해주고 싶은 이야기가 있다. 과거에 받았던 상처는 개인적인 분노로 발전시켜서는 안 된다. 일반적으로 상처를 받았으면 그에 대한 보응이 이루어지는데 이때 대부분의 사람들이 마음속에 칼을 갈게 된다. 상대방에 대한 섭섭함보다 분노가 마음을 사로잡게 되어, 내가 받은 만큼 상대방도 당해야 한다고 생각하는 것이다. 더 이상 자기와 같은 피해자가 나와서는 안 된다는 부정적인 사명감에 불타게 된다고나 할까?

특히 정치인이나 지도자의 위치에 있는 자들에게는 상처 관리가 중요하다. 한 가정의 가장이 상처를 안고 있으면 집안 전체가 상처의 영향력 가운데 놓이듯, 정치인의 마음에 찌꺼기가 남아있는 한, 그 화는 국민에게 돌아오기 마련이다. 화가 미치는 범위가 나라 전체가 되기 때문에 무엇보다도 상처에 대한 치유가 중요한 것이다. 이를 해결하지 못하면 국가적 비극으로 연결되는 것은 시간문제다.

닉슨이 주도한 워터게이트 사건에 대해 들은 적이 있다. 1972년 6월, 그의 재선을 위해 구성된 비밀 공작반이 워싱턴 워터게이트 빌딩에 있는 민주당 전국위원회 본부에 도청 장치를 설치하려다 발각·체포된 사건이다. 이 사건으로 그는 몰락의 길을 걷게 되었다. 알고 보니 그는 유년시절, 젊은 시절, 그리고 정치 초년 시절에 치유되지 않은 깊은 상처가 남아 있었다고 한다. 그것이 종종 분노로 치닫게 되었고 감정적 대응과 잘못된 정치윤리를 갖게 되었다고 한다.

30년 동안 백악관 보좌관으로 일하며 4명의 대통령들을 가까이서 접했던 데이빗 거겐은 'CEO 대통령의 7가지 리더십'이라는 책을 집필했는데, 그 책에는 닉슨에 대한 내용도 담겨 있다.[8]

"닉슨은 정계를 정글의 법칙에 따라 움직이는 곳이라 보았고, 정적에 대해 노골적인 적개심을 드러냈던 데에는 나름대로 이유가 있었다. 닉슨은 정적들로부터 끔찍한 공격을 받으면 받은 만큼, 혹은 그 이상을 되돌려주었다. … (중략)… 닉슨은 자기 안의 악마를 불러냈고, 그 악마는 닉슨 정권을 파멸로 이끄는 계기가 되었다."

정치인이 되려면 내적치유가 무엇보다 우선되어야 한다. 왜냐하면 그 악영향이 가족에서만 머무는 것이 아니라 국가 전체로 미치기 때문이다. 사울 왕을 보라. 본인의 질투심과 시기심으로 말미암아 얼마나 큰 일을 저질렀는지…. 그는 빈대 잡으려고 초가삼간 불태우듯, 나 다윗을 잡기 위해 엄청난 국가적 에너지를 소모했다. 결국 쓸데없는 에너지 소모로 내정을 제대로 살피지 못하게 되었다. 상처의 늪에서 계속 허우적대는 한 그의 인생은 더 이상 생산적일 수가 없다.

물론 용서하는 것이 쉽지는 않다. 나 또한 사울 왕을 용서하는 것이 쉽지 않았다. 하지만 용서해야 한다. 쉽지 않기 때문에 마음을 다잡아야 한다. 이것은 상대를 위한 것이기에 앞서 나를 위한 것이다. 미움과 분노의 노예에서 해방 되어야만 본인을 사랑하게 되며, 사람의 마음을 포용하는 마음의 폭이 커질 수 있다. 또한 웬만한 비난과 중상 모략에도 끄덕없이 견뎌낼 담력을 얻게 되며 그만큼 나라와 국민을 잘 지키게 된다.

보복에 대해 보복하는 악순환의 고리는 누군가가 끊어야 한다. 국가에 흐르는 상처라는 물줄기를 누구라도 나서서 차단해야 한다. 그리고 비상해야 한다. 헛된 과거의 감정에서 벗어나 더 높은 비전을 발견해야하고 현실을 초월하는 열정의 마음을 품어야 한다.

다사모는 상처치유가 우선이었다

나와 함께하기 위해 모인 4백 명, 아니 숫자가 불어 6백 명의 다사모…. 나는 그들에게 가장 필요한 것이 무엇인지 고민하고 기도했다. 사회변혁을 부르짖는 정치운동을 해야 할까? 아니면 군사적으로 잘 무장시켜 사울의 통치를 끝내 버려야 할까? 체제를 변화시키는 운동을 하기 이전에 반드시 해야 할 임무가 있었다. 그것은 바로 마음을 다스리는 길을 가르치는 것이었다. 나는 이들에게 이렇게 호소했다.

"젊은이들아, 와서 내 말을 들어라.
주님을 경외하는 길을
너희에게 가르쳐 주겠다.

인생을 즐겁게 지내고자 하는 사람,
그 사람은 누구냐?
좋은 일을 보면서
오래 살고 싶은 사람,
그 사람은 또 누구냐?

네 혀로 악한 말을 하지 말며,
네 입술로 거짓말을 하지 말아라.
악한 일은 피하고, 선한 일만 하여라.
평화를 찾기까지,
있는 힘을 다하여라."

(시편 34:11-14)

나는 이들을 데리고 반체제 단체를 만들어 사울에 대항할 수도 있었다. 아니면 임꺽정이나 로빈 훗 같은 의적단을 만드는 길도 있었다. 그들 또한 처음에는 그것을 원했을지 모른다. 그러나 그들은 나와 함께 동고동락하면서 바뀌기 시작했다. 나와 동료들은 신앙공동체로 변하게 되었다. 독이 나오는 말을 하던 사람들이 치유와 변화를 맛보는 놀라운 경험을 하게 되었다. 사울 왕에 대한 원한을 씻는 것에서 더 나아가 나라를 진정으로 걱정하는 진정한 다사모로 변한 것이었다. 이제는 치유 공동체의 범위를 넘어선 것이라 할 수 있다.

정치운동 이전에 인격수양운동을 해야 한다

인격수양운동을 위해 치유센터를 하나 만들어보라고 권하고 싶다. 명칭은 '아둘람 수련센터'다. 아둘람 동굴에서 사람들과 치유의 시간을 보냈던 것처럼 현대인들도 속으로만 앓아왔던 사정들을 함께 쏟아 놓는다면 어떨까? 서로가 치유되는 경험을 하고 지도자는 사람들을 더욱 포용하는 인격적 지도자로 거듭나면 얼마나 좋을까?

한국의 지도자 중에서 내가 유달리 좋아하는 사람이 있다. 육십 평생 동안 오직 조국의 독립을 위해 헌신한 도산 안창호다.[9] 그는 열 여섯 살 때 한국 초기의 선교사인 언더우드가 세운 구세학당(현재 경신고등학교)에서 공부를 했는데 이때 인생관이 바뀌는 경험을 했다.

이후 그는 그리스도인이 되었고 계몽가가 되었다. 나라의 독립을 위해서 힘을 길러야 하고 힘을 기르기 위해서는 교육이 필요하다고 확신하게 된 것이다. 결국 백성들을 깨우쳐야 한다고 생각하게 된 그는 점진학교, 대성학교 등을 설립했다. 그는 어려운 시기에 나라를 구하기 위해 특별한 시도를 했던 참다운 교육자이자 지도자였다고 생각된다.

안창호 선생은 인격과 박애 사상에 뿌리를 둔 애국심을 기반으로 동포의 인간다운 삶을 위해 무엇이든 양보하고자 했다. 또한 도전정신을 잃지 않는 지도자로 나라가 어려울 때, 민족이 나아갈 길과 삶의 방향을 알려 주었다. 그의 명언 중에 '진리는 반드시 따르는 자가 있고, 정의는 반드시 이루는 날이 있다. 죽더라도 거짓이 없어라.'라는 말이 있다. 그 말 한마디만으로도 그의 인격을 충분히 짐작할 수 있을 듯하다.

그는 대한제국 말기인 1909년, 개인의 인격이 변해야 민족과 국가가 변한다는 신념으로 흥사단의 전신인 "청년학우회"를 조직했다. 당장의 정치운동이나 독립운동도 중요하지만 건전한 인격을 갖게 된 인물이 정치가도 되고, 군인도 되고, 실업가도 되어야 한다는 생각에서였다.

그 정신이 대한민국 사회에 지금까지 잘 전수되지 못한 것 같아 아쉽기만 하다. 대한민국 국민이라면 도산이 남긴 어록을 마음에 새겨보라고 말하고 싶다. 아니, 나처럼 대한민국 국민이 아닌 사람들도 충분히 새겨볼 만한 가치가 있다고 생각한다.

"낙망은 청년의 죽음이요, 청년이 죽으면 민족이 죽는다."
"우리나라를 망친 원수가 누구냐? 거짓이다. 내 죽어도 다시는 거짓말을 아니하리라."
"나 하나를 건전한 인격을 만드는 것이 우리 민족을 건전하게 하는 유일한 길이다."

리더십은 인품에서 나온다

내가 다사모 그룹과 함께하며 얻은 또다른 교훈은 리더십이 바로 '인테그리티(integrity)'로부터 나온다는 것이었다. '인테그리티'라는 단어에는 거짓 없는 진실한 양심, 옳고 그름에 대한 분별력, 겉과 속이 다르지 않은 인품이 모두 내포되어 있다.

현대경영학의 아버지 피터 드러커는 '인테그리티야 말로 경영자가 갖춰야 할 절대적인 요건이다'라고 말했다.[10-11] 링컨 대통령은 정직과 인테그리티를 최선의 정책으로 삼았다.[12] 그가 남긴 유명한 말을 여기에 적어보도록 하겠다.

"나는 이기는 데 집착하지 않는다.
그러나 나는 진실함에 목숨 건다.
나는 성공에 집착하지 않는다.
그러나 나는 빛을 붙잡고 살아간다"

인테그리티는 성공을 위해 온갖 수단과 방법을 동원하는 것이 아니라, 주님께서 우리에게 주신 양심의 빛 가운데 옳은 생각, 옳은 일을 하는 것이다. 그러므로 인테그리티의 사람은 결정을 할 때 자기의 이익을 우선으로 여기지 않고, 선한 가치에 기준하여 생각하고 행동한다.

지속가능한 진정한 리더십은 인품에서 비롯된다. 아마 6백 명가량의 나의 동료들 또한 이 시간을 통해 귀중한 교훈을 얻었을 것이다. 무력으로 기존 질서를 헤쳐서는 안 된다는 진실 말이다. 내가 인품에서 나오는 리더십으로 동료들의 모범이 되었기 때문에 그들 또한 변화될 수 있었다. 끝까지 왕에게 충성을 다하는 모습과 용기 있는 행동이 그들의 가슴을 온정적으로 변하게 한 것이다.

　　사회의 변화를 바라는가? 당신이 변화의 시작점이 되어야 한다. 인기를 뒤에 업은 리더십은 인기와 함께 사라진다. 사람들의 마음 깊숙이 미치는 전인격적 리더십이야 말로 권위나 제도에서 나오는 리더십보다 강하다. 나 역시 사울과의 대면을 통해 국민 영웅에서 진정한 지도자의 길을 가기 시작했다. 보이지 않는 능력을 가진 자만이 진정한 지도자다. 보이는 것은 보이지 않는 것으로부터 나온다.

05

비폭력 시위를 하다

사무엘상 23, 24, 26장

아둘람 동굴 안은 어두웠다. 그러나 그곳에서의 시간은 암흑과 같지 않았다. 내 인생에 없어서는 안 될 너무나 소중한 시간이었다. 무엇보다 나 자신을 돌아보며 나를 회복하며 결단했던 시간이었다. 깜깜한 어둠 속에서 새벽을 깨웠던 시간이자 세상에 태양이 떠오르게 하겠다고 결단한 시간이었다. 무엇보다 외로움과 고독 속에 헤맬 때 주님은 나에게 사백 명의 동료들을 붙여 주셨다.

물론 이 일이 있은 후로도 사울의 추격이 시작되었다. 내가 부모님을 안전한 곳에 피신시키고 돌아왔을 때, 이미 사울은 내가 아둘람굴에 머문다는 것을 알았고 다시 나를 쫓기 시작했다. 결국 우리는 다음 행선지를 정하여 떠났다.

쫓기는 자에서 쫓는 자로

어느 날 '그일라' 지역에 사는 나의 민족이 블레셋 사람들로부터 고통을 당하고 있다는 소식을 들었다. 적어도 한 나라의 왕이라면 이런 상황에서 가만히 있어서는 안 되었다. 블레셋을 쳐서 내쫓고 자기 국민의 안전을 도모해야 하는 것이 정상이다.

그러나 사울 왕은 그일라 주민의 상황에 아무런 관심이 없었다. 나를 쫓느라 국정에 쏟아야 할 에너지를 낭비하고 있었다. 결국 나라도 나서야 했다. '그일라' 주민들을 구출하는 것은 주님이 나에게 원하시는 일이기도 했다.

그런데 동족의 아픔을 눈뜨고 볼 수만 없어 나서기로 하자 이번에는 나의 동료들이 막아서는 것이 아닌가. 그들의 변은 이러했다.

"말도 안 됩니다. 우리는 여기 유다에서도 이미 가슴을 졸이며 살고 있습니다. 그런데 우리가 그일라로 출전하여 블레셋 병력과 마주친다고 합시다. 사울 왕에게 쫓기는 것 보다 훨씬 위험합니다."

일리가 있는 말이었다. 내 몸도 돌보기 어려운 처지인데, 남을 도울 힘이 어디에 있는가? 게다가 나 혼자만이 아니라 6백명에 달하는 동료들의 안전도 책임져야 하는 상황이었다. 이런 상황에서 나의 결정은 충분히 무모해 보였다. 하지만 가까이에 있는 나의 동족들이 신음하고 있는데, 못 본 척하고만 있을 수는 없었다. 내 양심이 도저히 용납하지 않았다. 나는 동료들을 설득했고 결국 블레셋과 싸울 기회를 얻었다. 그리고 주님은 우리에게 승리를 허락하셨다. 동족을 구할 수 있게 된 것이다.

이겼지만 당황스러운 소식이 들려왔다. 사울 왕이 승전고를 듣고 우리를 포위하려고 한다는 것이었다. 황당한 전령의 소식을 듣자 위험을 직감했다. 어느 정도 예상도 했지만 설마 이렇게까지 나올지는 몰랐다. 무엇보다 그일라는 성문이 있고 빗장이 있는지라, 일단 포위되면 도망갈 수 없는 성이었다. 그일라 주민들이 우리를 도와주면 충분히 견딜 수 있겠지만 사울 왕이 인정사정 보지 않고 그냥 쓸어버리겠다며 공격해 버리면 결국 사울과 싸워야 하는 형국이 된다.

그일라 주민들 입장에서도 난감할 것이다. 자기들이 내 편에 서게 되면 무슨 일이 일어나겠느냐 말이다. 말 그대로 동족상잔의 비극이 터지는 것이다. 결국 그들은 우리를 사울 왕에게 넘길 공산이 컸다. 우리는 모두의 안전을 위하여 다시 발길을 재촉하여 성을 빠져나왔다.

그일라 주민들에 대한 서운함이 실망과 좌절, 분노로 이어질 법도 했지만 그래도 마음을 다잡았다.

"나를 배신해도, 그들 역시 나의 민족이고, 그들을 미워하지 않겠다."

한편 나와 동료들은 이곳에서 저곳으로 떠돌아다니며 쫓기는 것처럼 보이지만, 사실은 정반대였다. 마치 모세와 이스라엘 백성들이 낮에는 구름기둥, 밤에는 불기둥을 보며 주님의 인도하심대로 쫓아갔듯이, 아무리 사울이 우리를 추격한다 해도 우리는 더 이상 그에게 쫓기는 것이 아니었다. 오히려 우리는 앞에 계신 주님을 바라보며 나아가고 있었다.

"The Lord before me, Saul behind me."
"나는 사울에게 쫓기는 것이 아니다. 주님을 쫓아가고 있는 것이다."

우리는 주로 산지를 찾아 헤맸다. 그런 곳에 있어야 사울로부터 위치 추적이 어렵기 때문이다. 또한 사울이 오더라도 망을 보면서 적절하게 대처할 수 있기 때문이다. 어느 날 사울 왕의 아들 요나단이 나의 은신처로 찾아왔다. 물론 아버지 몰래 온 것이다. 그는 나를 보자마자 눈물을 터뜨렸다. 진심으로 나를 위로하며 이렇게 말했다.

"두려워하지 말게. 내 아버지 사울은 자네에게 손도 대지 못할 걸세. 자네는 이스라엘을 다스릴 왕이 될 걸세. 나는 자네 다음이지. 내 아버지 사울 왕도 다 알고 있는 일이네."(사무엘상 23:17)

요나단은 주님 앞에서 나와 우정의 언약을 맺었고 아버지가 있는 집으로 돌아갔다. 잠시나마 내가 믿고 의지할 수 있었던 의형제 요나단을 만나 행복했다. 잠깐이지만 강렬했던 순간이었다.

그러나 만남의 여유를 갖는 것도 잠시였다. 사울 왕은 직접 나의 목을 베어야겠다고 다짐했고 어떻게 해서든 나를 잡고야 말겠다고 선언했다. 그의 추적 수준 또한 높아져갔다. 산간지역, 동굴, 광야, 수풀, 마을들을 떠돌며 수년의 세월을 보냈다.

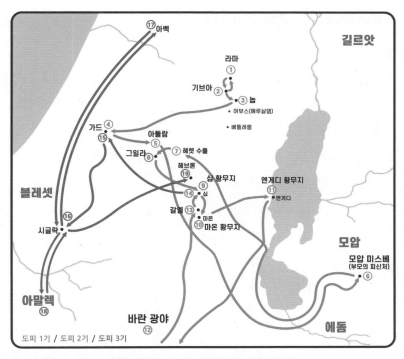

도피 1기 / 도피 2기 / 도피 3기

사울 왕의 위협으로부터 신변의 안전을 위한 도피생활

① 라마-사무엘을 방문(삼상 19:18); ② 기브아-요나단의 격려와 약속(삼상 20:1-16); ③ 놉-아히멜렉 제사장을 방문(삼상 21:1-9); ④ 가드-블레셋 망명 시도 실패(삼상 21:10-15); ⑤ 아둘람-가드에서 쫓겨난 뒤(삼상 22:1-2); ⑥ 모압-부모의 피신처 마련(삼상 22:3); ⑦ 헤렛-사울의 학살에서 아비아달 생존(삼상 22:20-23); ⑧ 그일라-블레셋으로부터 그일라 사람들 구출(삼상 23:1-12); ⑨ 십 광야-수풀 속에서 요나단과의 만남(삼상 23:14-18); ⑩ 마온 광야-사울이 쫓아오던 중 블레셋 침공 소식으로 돌아감(삼상 23:24-25); ⑪ 엔게디-동굴에서 사울의 겉옷자락을 자름(삼상 23:29-24:22); ⑫ 바란 광야-사무엘 장사지내고 바란으로(삼상 25:1); ⑭ 갈멜-나발과 아비가일(삼상 25:2-42); ⑮ 십 광야-사울 진영에 잠입, 2차 비폭력 시위(삼상 26:1-25); ⑯ 가드-블레셋 망명(삼상 27:1-4); ⑰ 시글락-아기스 왕으로부터 동료들의 거처 제공받음(삼상 27:5-28:2); ⑱ 아벡-블레셋이 사울 왕의 군대와 싸우기 위한 출정 집결지(삼상 29:1-10); ⑱ 아말렉-아벡에서 시글락으로 돌아오자마자 아말렉 군대에 의해 인질로 잡혀간 가족들 구출(삼상 30:1-31); ⑲ 헤브론-아벡 전투에서 사울의 전사 소식으로 귀향하며 도피생활을 마침(삼하 2:1)

비폭력 시위를 세상에 소개하다

나는 사해에서 멀지 않은 엔게디 요새에 머무르게 되었다. 엔게디 요새 위로는 드넓은 황야가 펼쳐져 있고, 골짜기를 따라 밑으로 내려가면 사해가 나온다. 이곳은 천연 요새로 흠잡을 데가 없는 곳이었다. 물도 있고 수풀도 있고 숨을 수 있는 동굴들이 있는 데다가 지형 또한 험악하기 때문에 사울 왕의 추적을 따돌리거나 공격을 방어하기에 매우 적합했다.

또한 사해가 한 눈에 들어오기 때문에 바다를 바라보면서 쌓였던 스트레스도 한 번에 날려보낼 수 있었다. 사울 왕이 나를 못살게 굴지만 않는다면 그냥 눌러 앉고 싶을 정도로 매력적인 지역이었다.

엔게디 요새 | Origin: www.shutterstock.com

머무르는 동안 역시나 사울은 나를 찾기 위해 고전했지만 결국 내가 있는 곳까지 왔다. 사울 왕이 수색하러 온 것을 알게 되자 우리는 혹시라도 발각이 될까 싶어 동굴에 숨어 있었다. 그런데 누가 동굴 속으로 들어오는 것이 아닌가!

"쉿! 조용히!"

우리는 동굴 속 어둠에 적응되어 있어서인지, 들어오는 사람을 어렴풋이 볼 수 있었다. 그러나 상대방은 밝은 곳에서 어두운 곳으로 들어오다 보니 우리가 숨어 있다는 것을 알아채지 못했다. 어렴풋이 들어오는 사람을 응시하고 있었는데 눈에 익은 사람이었다. 역시나 그였다.

"아니, 사울 왕이 아니신가!"

원수는 외나무 다리에서 만난다고 하지 않았던가! 나와 동료들은 숨을 죽인 채 긴장한 상태로 칼을 움켜쥐었다. 여차하면 공격할 준비도 했다. 참으로 살 떨리는 순간이었다. 그런데 웃지못할 일이 벌어졌다. 알고 보니 그는 급하게 용변 볼 곳이 필요했던 것이다. 아무도 볼 수 없는 곳을 찾다가 이 동굴 안까지 찾아 들어오게 된 그는 얼른 일을 보기 시작했고, 그때 동료들은 나에게 이렇게 말했다.

"드디어 주께서 대장님에게 약속하신 바로 그 날이 왔습니다. '내가

너의 원수를 너의 손에 넘겨줄 것이니, 네가 마음대로 그를 처치하여라'
하신 바로 그 날이 되었습니다."

나는 그럴 수 없다고 손짓을 했다. 그러고는 사울의 겉옷자락을 몰래
잘랐다. 물론 이런 행동조차도 미안했다.

"내가 감히 손을 들어, 주께서 기름부어 세우신 우리의 임금님을 치겠
느냐? 주께서, 내가 그런 일을 하지 못하도록 나를 막아 주시기를 바란
다. 왕은 바로 주께서 기름부어 세우신 분이기 때문이다."

나는 동료들에게 이렇게 타일렀고 사울은 안전히 볼 일을 본 후 동굴
밖으로 나갔다. 그때 나는 일어나 얼른 굴 밖으로 나갔다. 그리고는 사울
의 뒤에다 대고 외쳤다.

"임금님, 임금님!"

사울이 뒤를 돌아보자, 나는 땅에 엎드려 절을 했다. 왕에 대한 예의
를 갖추되, 당당한 목소리로 항의했다.

"임금님께 묻습니다. 어찌하여 제가 왕을 해치려 한다고 주장하는 사
람들의 말만 들으십니까? 제가 자른 이 겉옷자락을 보십시오. 주께서 오
늘 저 굴 속에서 임금님의 목숨을 나의 손에 넘겨주셨습니다. 임금님을

죽이라고 말하는 사람도 있었지만, 나는 절대로 임금님을 내 손으로 치지 않겠다고 다짐했습니다. 임금님은 바로 주께서 기름부어 세우신 분이기 때문입니다!"

Origin: Sweet Publishing, cc-ba-sa 3.0

나는 자른 겉옷자락을 손으로 들어 보이며 나의 억울함을 사울 왕에게 호소했다.

"이것을 보시면, 나의 손에 악이나 죄가 없으며, 임금님께 반역하거나 잘못한 일이 없다는 것도 아실 것입니다. 그런데도 임금님은 어찌하여 이렇게 죽은 개나 벼룩을 쫓아다니시 듯 시간을 낭비하십니까? 옛날 속담에 '악인에게서 악이 나온다' 하였기 때문에 제 손으로 임금님을 해하지 않는 것입니다. 그러므로 주께서 재판관이 되셔서 우리 사이를 굽어 보시고 나의 억울함을 판결하여 주시며, 나를 임금님의 손에서 건져 주시기 원합니다."(사무엘상 24:11-12)

피를 토하는 심정으로 억울함을 호소했다. 정말이지 나는 왕을 해칠 생각이라고는 눈꼽 만큼도 없었다. 그 사실을 분명하게 피력하자, 사울 왕이 말했다.

"나의 아들 다윗아, 이것이 정말 너의 목소리냐?"

맙소사! 그 완고하던 사울이 목놓아 우는 것이 아닌가. 당황스러웠지만 놀랄 것도 없었다. 그의 마음이 자주 바뀌는 것을 너무나 잘 알고 있던 탓이다. 그래도 일단 그의 입장을 들어보기로 했다. 그는 계속해서 말을 이어갔다.

"나는 너를 괴롭혔는데, 너는 내게 이렇게 잘 해주었으니, 네가 나보다 의로운 사람이구나. 주께서 나를 네 손에 넘겨주셨으나, 너는 나를 죽이지 않았다. 이것 하나만으로도 오늘 너는, 네가 나를 얼마나 끔찍히 생각하는지를 내게 보여주었다. 도대체 누가 자기의 원수를 붙잡고서도 무사히 제 길을 가도록 놓아 보내겠느냐?

네가 오늘 내게 이렇게 잘 해주었으니, 주께서 너에게 선으로 갚아 주시기 바란다. 나도 분명히 안다. 너는 틀림없이 왕이 될 것이고, 이스라엘 나라가 네 손에서 굳게 설 것이다.

그러므로 너는 내 자손을 멸절시키지도 않고, 내 이름을 내 아버지의 집안에서 지워 버리지도 않겠다고, 주의 이름으로 내게 맹세하거라."

(사무엘상 24:17-21)

사울은 마치 그의 군인들 앞에서 약속이라도 하듯이 나에게 단언했다. 눈물까지 보였던 그이지만 그의 진심이 느껴지지 않았다. 이 위기를 모면하고 나면 다시 마음이 바뀔 것이 분명했다. 며칠 지나면 다시 나를 죽일 사람이지만 그럼에도 그의 말을 믿기로 했다. 나는 사울의 요구대로 맹세했고, 그는 자기의 왕궁으로 돌아갔다. 우리도 다시 엔게디 산성으로 올라갔다.

또 한 번의 비폭력 시위

역시나 사울은 다시 3천명 군사들을 거느린 채 추격전을 벌였다. 이제 익숙해진 터라 나는 어떻게 행동해야 할지 금세 상황파악이 되었다. 우선 사울의 추격 부대가 진을 친 장소를 확인한 후, 정찰 대원을 파견하여 사울이 어느 진지에 머물고 있는지 확인했다. 도망가는 기술도 늘었는지, 위급한 순간에서도 사울을 능가하는 전략을 선보일 수 있었다.

나는 사울이 자고 있는 틈을 타 나의 용맹스러운 부하 중의 하나인 '아비새'와 함께 그가 잠자는 텐트에 잠입했다. 마침 사울 왕을 호위하는 군사들도 모두 잠에 빠져 있었다. 나와 아비새는 사울의 잠자는 모습을 내려다보았다. 파리 목숨과 다를 바 없는 사울이었다. 그때 아비새가 나에게 말했다.

"주님이 오늘, 이 원수를 장군님의 손에 넘겨주셨습니다. 제가 그를 당장 땅바닥에 박아 놓겠습니다. 두 번 찌를 것도 없이, 한 번이면 됩니다."

그러나 이번에도 역시 나는 그를 죽일 생각이 없었다. 나는 기회를 놓치지 않겠다는 아비새에게 타일렀다.

"그를 죽여서는 안 된다. 그 어느 누구든지, 주께서 기름 부어 세우신 자를 죽였다가는 벌을 면하지 못한다. 주께서 확실히 살아 계심을 두고 말하지만, 주께서 사울을 치시든지, 죽을 날이 되어서 죽든지, 또는 전쟁에 나갔다가 죽든지 할 것이다. 주께서 기름부어 세우신 이를 내가 쳐서 죽이는 일은, 주께서 금하시는 일이다. 그러므로 이제 우리는 그의 머리맡에 있는 창과 물병만 가지고 가자."

사울의 머리맡에 있던 창과 물병을 들고 아비새와 함께 빠져나왔으나 그 누구도 알아채지 못했다. 모두가 곤하게 잠들어 있어 우리를 보는 사람도 없고, 눈치채는 사람도 없었다. 우리는 맞은편으로 건너가 멀리 산꼭대기에 섰다. 어느 정도 안전한 거리를 확보한 상태에서 사울의 심복 아브넬을 향해 외쳤다. 아니, 호통에 가까웠던 것 같다.

나의 우렁찬 목소리에 사울도 잠에서 깼다. 그는 나의 목소리를 알아듣고는 깜짝 놀랐다. 나는 그에게 말했다.

"나의 상전이신 임금님은 어찌하여 이렇게 임금님의 종을 사냥하러 나오셨습니까? 내가 무슨 잘못을 저질렀습니까? 내 손으로 저지른 죄악이 무엇입니까? 이 종이 하는 말에 귀를 기울여 주시기 바랍니다.

임금님을 충동하여 나를 치도록 시키신 분이 주님이시면, 나는 기꺼이 희생제물이 되겠습니다. 그러나 임금님을 충동하여 나를 치도록 시킨 것이 사람이면, 그들이 주님에게서 저주를 받기를 바랍니다. 주께서 유산으로 주신 땅에서 내가 받을 몫을 받지 못하도록 하고, 나더러 멀리 떠나가서 다른 신들이나 섬기라고 하면서, 나를 쫓아낸 자들이 바로 그들이기 때문입니다.

그러니 이제, 주님으로부터 멀리 떨어진 이 이방 땅에서, 내가 살해당하지 않게 하여 주시기를 바랍니다. 어찌하여 이스라엘의 임금님이, 사냥꾼이 산에서 메추라기를 사냥하듯이, 겨우 벼룩 한 마리 같은 나를 찾으러 이렇게 나서셨습니까?"

나의 호소에 사울은 또 이전과 같은 말을 했다.

"내가 잘못했다. 나의 아들 다윗아, 돌아오너라. 네가 오늘 나의 생명을 귀중하게 여겨 주었으니, 내가 다시는 너에게 해를 끼치지 않겠다. 정말 내가 어리석은 일을 하여, 아주 큰 잘못을 저질렀다."

나도 사람인지라 한계가 있었다. 더는 믿지 못할 것 같았다. 하지만 그렇다고 해서 사울을 헤칠 생각은 없었다. 이번에도 그에게 이 말만을 남긴 채 떠났다.

"여기에 임금님의 창이 있습니다. 젊은이 하나가 건너와서 가져가게 하십시오. 주께서 각 사람에게 그 공의와 진실을 따라 갚아 주시기를 바랍니다. 주께서 오늘 임금님을 나의 손에 넘겨주셨지만, 나는 주께서 기름부어 세우신 임금님께 손을 대지 않았습니다. 그러므로 내가 오늘 임금님의 생명을 귀중하게 여겼던 것과 같이, 주께서도 저의 생명을 귀중하게 여기시고, 어떠한 궁지에서도 저를 건져 내어 주실 것입니다."

내가 사울의 뒤에 대고 크게 외치는 소리를 그곳에 있는 모든 사람이 들었다. 사울의 군대 3천 명과 나의 사람들 6백 명 모두가 말이다. 그것으로 모든 사람들에게 내가 죄 없음을 알릴 수 있었다. 말 그대로 공개재판장이 되어 버린 셈이다. 나는 내가 무죄하다고 호소하면서도 왕에 대한 충성심을 간직하고 있음을 분명하게 보여주었다.

사울 왕에게 호소할 때마다, 나의 눈에서는 안타까움의 눈물이 비 오듯 내려오고 있었다. 서러움에 운 것이 아니었다. 왕에 대한 애타는 마음이 담겨 있는 눈물이었다. 내가 가지고 있던 칼까지 내팽겨쳤다는 것은 무엇을 의미하는가? 그를 해할 마음이 전혀 없다는 비폭력 시위를 하고 있음을 의미한다.

거기에 모여 있던 군인들의 마음이 궁금해졌다. 그들은 무슨 생각을 하고 있을까? 그들은 사울 왕의 명을 좇아 다시 나를 죽이려고 여기까지 왔지만, 그 순간만큼은 나의 말에 감동했을 것이다. 사울 왕 또한 그때만큼은 나의 호소에 감동한 채 온갖 칭찬을 늘어놓았으니 말이다.

"나의 아들 다윗아, 주님이 너에게 복 주시기를 바란다. 너는 참으로 일을 해낼 만한 사람이니, 매사에 형통하기를 바란다."(사무엘상 26:25)

지금까지 나를 죽이려고 했던 사람이 맞나 싶을 정도였다.

비폭력에는 힘이 있다

내가 비폭력 시위를 한 이유가 있다. 악을 악으로 갚아서는 안 된다는 신념 때문이었다. 만약 이때 내가 사울을 쳐 죽였다고 가정해보자. 굴 속에 있었던 나의 부하들은 함성을 지르고 기뻐하며 굴 속을 빠져나왔을 것이다. 거기에 죽은 사울의 목을 높이 든채 사울의 군대에게 보여주었다고 상상해 보자. 항복을 종용했을 때 과연 어떤 사태가 벌어졌겠는가?

엄밀히 생각해 보면 사울 왕만 나를 눈엣가시처럼 여긴 것이 아니었다. 누군지는 몰라도 사울 왕의 신하들 또한 나를 죽여야 하는 정당성을 계속 주장하고 있었을 것이다. 유력한 사람 중 하나가 바로 사울의 군대 장관이자 2인자로 군림했던 아브넬이었다. 그는 사울 왕이 나에게 죽임당했을 경우, 충분히 역공을 하고도 남을 사람이었다.

환경적인 조건 또한 충분했다. 수적으로도 3천 명의 군대를 보유하고 있으니 말이다. 그러니 6백 명에 불과한 나의 군대가 불리한 것은 불보듯 뻔했다. 더구나 2인자 아브넬이 누구인가? 사울 왕의 사촌 형제 지간이다. 정권의 정통성을 순순히 나에게 줄 인물이 아니다. 분명 악을 악으로 갚지 않았던 것은 현명한 처사였음에 틀림없었다. 훗날 사도바울도 로마서에 다음과 같이 기록했다.

"아무에게도 악으로 악을 갚지 말고, 모든 사람 앞에서 선한 일을 도모하라."(로마서 12:17)

악이 악을 부른다는 것은 인류의 역사가 분명하게 증명해 주고 있다. 악은 그 자체가 파괴적이다. 악을 행한 자에게 악을 저지른다고 해서 선이 되지 않는다. 그것은 착각에 불과하다. 두 번의 악이 등장하는 것일 뿐이다. 그 어떤 복수도 속을 시원하고 후련하게 만들어주지 못한다. 피를 보는 순간 마음에 잔인함만 더 쌓일 뿐이다.

안타깝게도 요즘 세대를 돌아보면 불의가 판을 치는 것 같다. 복수에 너무 익숙해져 있다. 이 세대는 분명히 기억해야 할 것이다. 복수하는 것은 결국 주님의 진노가 내릴 공간을 없애 버리는 것임을 말이다.

다행히 나의 비폭력 정신은 오늘날까지 이어져 내려오고 있다. 대표적인 인물이 미국의 인권운동가 마틴 루터 킹 주니어 목사(1929-68)다.[13] 그는 비교적 부유한 중산층 가정에서 태어나 대학 교육까지 받았다. 한마디로 인종차별을 심하게 겪지 않는 가정 환경에서 자랐다. 그러나 흑백 분리법에 따라 버스 안의 백인과 흑인 좌석이 구별되어 있었던 것을 철폐하고자 11개월 동안 보이콧을 벌였다.

"폭력을 써서는 안됩니다. 원수를 사랑하고, 백인들이 우리에게 어떤 고난과 차별을 해도 우리는 그들을 사랑해야 합니다. 그들의 죄를 용서합시다."

그는 비폭력정신을 군중에게 호소함으로써 흑인 민권운동의 상징적 인물로 부각되었다. 이후로도 암살당할 때까지 자신의 비폭력주의를 실천했다. 그의 책 제목, 'Strength to Love'가 말해주듯 비폭력정신의 저변에 깔린 것은 바로 사랑이었다. 그가 한 명언을 되새기면 좋을 것 같다.

"어디서나 불의는 정의에 위협이 됩니다."
"어둠은 어둠을 몰아 낼 수 없습니다. 빛만이 그렇게 할 수 있습니다. 증오는 증오를 몰아 낼 수 없습니다. 오직 사랑만이 그렇게 할 수 있습니다."

약 350년 동안 백인들의 지배를 받아왔던 남아프리카공화국에도 비슷한 인물이 있다. 빈곤과 무지 가운데 버려졌던 흑인들에게 자유를 가져다준 인물, 바로 넬슨 만델라다.[14] 1918년에 태어난 그는 흑인의 인권을 위해 한평생을 살아왔다. 44세 때는 종신형을 선고받아 수감되었는데 72세나 되어서야 특별사면으로 석방되었다.

그는 전세계적으로 악명을 떨쳤던 백인정권의 흑백 분리 정책을 철폐시켰고, 흑인 다수 사회인 남아공에서 백인 통치를 종결시키는 데 결정적 역할을 했다. 그는 1993년 노벨 평화상을 받은 데 이어, 1994년 선거를 통해 남아공 최초의 흑인 대통령이 되었다.

그는 대통령에 당선된 뒤에도 백인들에 대한 정치 보복을 전혀 가하지 않았다. 흑백 화합을 위한 관용과 화해가 그의 통치 철학이었기 때문이었다. 만약에 만델라 대통령이 그 상처를 그대로 가지고 있었다면 남아공은 피의 역사로 뒤범벅이 되었을 것이다. 복수가 또 다른 악이 되는 것이다. 이처럼 만델라는 마틴 루터 킹 목사와 같이 과거의 상처를 증오와 복수로 청산하지 않았다. 오히려 용서로 그 악의 고리를 끊었다.

대한민국은 어떤가? 사랑과 용서, 포용이 더욱 필요한 나라가 아닐까?

마틴 루터 킹 주니어 목사의 비폭력 가두행진, 1965년 3월 17일, 사진 출처: AP

"자유의 종이 울리게 합시다.

이 자유의 종 소리가 모든 마을,

모든 촌락, 모든 주, 모든 도시에서 울리게 된다면,

우리는 하나님의 자녀로서 흑인이건 백인이건, 유대인이건 아니건,

개신교이건 가톨릭이건 간에 모두가,

손에 손을 잡고 옛 흑인 영가를 함께 부르는 날을 향해

나아 갈 수 있을 것입니다.

나 자유 얻었네! 너 자유 얻었네!

전능하신 은혜로 우리 자유 얻었네!"

_ 마틴 루터 킹 Jr

06
적국으로 망명하다

사무엘상 27장

나는 어느덧 사막의 여우가 되어갔다. 사울은 사냥개가 목표물만 보고 달리듯 나를 추격하는 데만 집착하고 있었지만 정작 나를 어떻게 잡을 것인지에 대해서는 아무런 전략이 없어 보였다. 무조건 대부대를 이끌어 포위 작전만 펼칠 뿐이었다.

아무래도 그는 숫자로 밀고 나가려고 했던 것 같다. 이것은 대포로 벼룩을 잡는 격이었다. 그러나 벼룩 잡는 것이 어디 쉬운 일인가? 이럴 때는 정찰 요원을 조직하거나 지능적인 암살 공작 대원을 만들었어야 했다.

갑자기 두려움이 엄습하다

나는 이리저리 옮겨 다니는 생활 속에서 늘 신변 안전을 생각해야 했다. 사울이 언제 엄습할지 모르기 때문에 잠잘 때도 언제나 전투 복장으로 자야 할 정도였다. 나 혼자만의 목숨이 걸려있는 것이 아니기 때문에 더 주의해야 했다. 동료들 육백 명과 그들의 딸린 식구들의 목숨까지 걸려있기 때문에 함께 도망가는 것 자체가 쉽지 않았다. 옮겨 다니는 과정에서 모두를 먹이고 챙기는 것 자체가 보통 일이 아니었던 것이다.

어느 날 저녁, 비가 질척질척 내리고 있었다. 비가 내리는 것을 보니 내 기분마저도 꿀꿀해졌다. 갑자기 내 입에서 이런 말이 흘러나왔다.

"이제 지쳤다. 끝을 안다면 차라리 견딜 수 있겠는데, 이건 끝이 없어 보이는구나."

나도 모르게 불투명한 미래가 두려움으로 다가왔고 내 마음에 먹구름이 짙게 깔리기 시작했다. 갑자기 살 길을 고민하게 되었고, 이렇게 해서는 도무지 답이 나오지 않는 듯했다. 나는 옮겨 다니는 삶이 아닌 정착하는 삶을 살고 싶었다. 사울의 통치가 이루어지는 땅에서는 이런 미래가 불가능하니 다른 방법을 모색해야만 할 것 같았다. 고민 끝에 내가 내린 최종 결론은 이것이었다.

"이제 이러다가, 내가 언젠가는 사울의 손에 붙잡혀 죽고 말거야. 살아남는 길은 블레셋 땅으로 망명하는 것뿐이다. 나를 죽이려고 블레셋을 치지는 않을테니 포기하겠지. 그러면 나는 드디어 그의 손에서 벗어나게 될 거야."

결국 이스라엘을 떠나 망명하기로 결심했다. 나는 동료들을 데리고 아기스 왕을 찾아갔다.

"임금님, 우리가 사울 왕을 피하여 이곳에 왔습니다. 우리가 블레셋에 머물도록 배려해주시면, 이 은혜를 절대로 잊지 않겠습니다."

아기스는 이미 소문을 들어 나의 사정을 잘 알고 있었던지라 나에게 이렇게 말했다.

"사울 왕은 당신을 해하려 하지만, 나는 그런 일은 절대 없을 것이오. 그러니 안심하시오. 이곳에서 머물기를 허락하오."

망명 신청은 의외로 쉽게 풀렸다. 얼마나 다행인지 모른다. 그렇게 우리 육백 명의 동료들은 아기스 왕의 용병으로 취직했다. 용병으로 취직하는 대신 우리가 얻게 된 보상은 먹고 자는 것을 해결 받는 것이었다. 문제가 해결되는 듯했으나, 그렇게 지내다 보니 한가지 불편한 것이 있었다. 적국의 왕과 너무 가까이 있으면 우리의 일거수 일투족이 노출될 수 있다는 것이었다. 조금 떨어진 지방이면 좋겠다 싶어 다시 용기를 가지고 아기스 왕을 찾아가 물었다.

"임금님이 나를 좋게 보신다면, 지방 성읍들 가운데서 하나를 나에게 주셔서, 내가 그 곳에 정착할 수 있도록 해주시기를 바랍니다. 이 종이 어떻게 감히 임금님과 함께, 임금님이 계시는 도성에 살 수가 있겠습니까?"(사무엘상 27:5)

그러자 아기스는 말했다.

"여기서 멀지 않은 곳에 시글락이 있는데, 거기를 거처로 삼으면 어떻겠소?"

그는 그날 당장 시글락을 우리의 거처로 배려해주었다. 하지만 그것이 진정한 배려라고는 할 수 없을 것이다. 세상에 공짜는 없으니 말이다. 우리는 거처를 얻는 대신 상당한 대가를 치러야 했다. 우리가 맡은 일은 장소와 민족을 불문하고 마을을 습격하여 전투를 벌리는 것이었다. 그리고 그곳을 정복한 다음 전리품을 거두어 아기스 왕에게 바치는 것까지 성사시켜야 했다. 말이 전리품이지, 약탈물에 가까웠다. 다행인지, 불행인지 우리는 아기스의 용병으로 열심히 싸워 그의 신임을 얻어갔다.

미끼를 물다

블레셋은 틈만 나면 이스라엘을 공격하려고 했다. 찰거머리 같은 나라라고나 할까? 그들은 이스라엘의 내부 사정을 속속들이 알고 있었다. 그리고 보면 아기스가 나를 받아들인 이유에도 정치적 계산이 있었음이 틀림없었다. 내가 사울 왕의 정적이었기 때문에 나를 자기 편으로 만들면 충분히 유익이 되고도 남았다. 거기에다가 나에게 있어서는 6백 명의 군인들과 그의 가족들의 목숨 부지가 가장 시급한 일이었으니 서로의 계산이 맞아 떨어졌다고 볼 수 있다.

블레셋이 이스라엘을 이기기 위해서는 내가 절대로 이스라엘에 있어서는 안되었다. 이미 골리앗과 관련된 사연을 간직한 블레셋이었기 때문에 내가 일단 자기들의 적에서 배제되어야 했다. 나와 싸우지 않는 시나리오로만 전개되어도 블레셋은 충분히 이스라엘을 이길 승산이 있다고 계산한 것이다.

또한 나의 군대는 잘 훈련돼 있었기 때문에 먹을 것을 해결해 주는 대신에 아기스 왕 자신의 용병으로 활용하는 데에도 적격이었다. 아기스는 외국인 용병을 이용해 자기 나라를 더욱 공고히 하고자 하는, 이른바 아웃소싱 전략을 썼다.

이런 계산을 밑에 깔았던 탓인지, 아기스 왕은 내가 원하는 것을 다 들어주었다. 당연히 아기스의 배려하는 만큼 나는 그에게 충성하는 모습을 답례로 보여주어야 했다. 나의 동족을 공격하는 것으로 말이다. 어쩌다 보니 나는 아기스 왕을 기쁘게 해주어야 하는 신세가 되었다. 혹 떼려다가 혹을 더 붙인 셈이 되어 버렸다.

그때의 참담함을 잊을 수가 없다. 당신이 나였다면 어떻게 하겠는가? 그냥 식솔들을 데리고 야반도주를 하든지, 아니면 솔직하게 그것만은 못하겠다고 항변하든지, 둘 중의 하나를 골라야만 했다. 이 가운데서 다른 더 좋은 선택이 있을까? 막상 생각해보니 도망가려고 해도 갈 곳이 없었다. 갈 데가 없어 여기까지 왔는데 어딜 더 가겠는가? 다시 이스라엘 아둘람 동굴로 가봤자 사울은 추격을 재개할 것이다.

그렇다고 변명을 할 수도 없는 노릇이다. 결과는 죽음밖에 없다. 최상의 시나리오라고 해봤자 추방당하는 것이다. 그럼 나를 믿고 따라왔던 사람들은 어떻게 생각할까? 아마 '나를 더 이상 믿어서는 안 되는구나!' 하여 지도자로 신뢰하지 않을 것이다. 사면초가, 진퇴양난이란 말이 딱 어울리는 상황이었다. 어찌할 바를 몰라 숨이 막혀왔다.

사람들은 미끼에 넘어갈 때가 있다. 주로 경제적으로 어려운 상황에 있을 때 미끼를 덥석 물게 된다. 소신대로 행동하지 못하고 목구멍이 포도청이라는 속담에 위로 받으며 윗사람이 비도덕적인 일을 시켜도 입을 다문 채 묵묵히 시키는 대로 열심히 한다.

정치인의 경우는 어떤가? 선거에서 표를 몰아주는 사람의 눈치를 본다. 또한 소속 정당의 눈치를 본다. 자신의 소신과는 상관없이 소속 정당이 원하는 대로 끌려 간다. 평소에 청렴했던 사람도 돈의 유혹에 넘어가 정치자금을 받으면 더 이상 소신을 펼칠 수 없다. 돈 준 사람의 뜻에 끌려 갈 수밖에 없다. 한마디로 기쁨조의 신세로 전락하게 된다.

나는 블레셋 망명에서 배운 것이 있다. 한번 길을 잘못 들어서게 되면 거기서 헤어 나오기 힘들다는 것이다. 권모술수가 능한 사람은 이런 사람의 심리를 적절히 이용한다. 미끼를 던져 그것을 물게 한다. 어리석게도 나는 이 유혹에 넘어갔다. 신변의 안전이라는 목적은 성취했는지 모르지만 이제부터 적국의 왕인 아기스의 신하가 되어야 했다. 주님을 기쁘시게 하는 것에 뜻을 두던 내가 아기스 왕을 기쁘게 해야 하는 신세가 된 것이다.

내 민족의 생명은 내 목숨과 같다

"오늘은 어디를 습격했소?"

아기스가 우리에게 매번 하던 질문이었다. 그럴 때마다 하는 수 없이 거짓말로 둘러 대어야 했다. 대의를 위해 의무감을 가지고 거짓말을 해야 한다는 것은 서글프다 못해 비참한 일이었다.

"오늘은 유다의 남쪽 지역을 털었습니다."

"이번에는 여라무엘 족속의 남쪽 지역을 털었습니다."

"드디어 겐 족속의 남쪽 지역을 털었습니다."

그때마다 아기스 왕은 흡족한 미소로 나를 바라보았다. 그 표정이 역겨웠지만 그 앞에서 억지 웃음을 지으며 충성 어린 눈빛을 보내야 하는 내 얼굴은 더욱 역겨워 보였다.

시글락에서 머물며 거처를 마련한 것은 다행스러운 일이었을지 모르나 나의 마음은 미어질 듯 괴로웠다. 어찌되었든 앞으로도 도망이나 추방을 선택하지 않은 대가로 그의 신하가 되어 그가 원하는 일을 해주어야 했다.

지속적으로 여러 성읍을 습격하여 아기스 왕에게 노략물을 상납할 때마다 자신의 동족과 친구들을 치는 현실 또한 피할 수 없었다. 동족을 사랑하는 마음이 누구 못지 않은 내가 아닌가. 민족에 대한 자부심은 이루 말할 수 없었던 나였는데, 그들을 공격해야 하는 신세가 되어 버렸다. 그때 나는 감히 상상도 할 수 없는 차선책을 생각해냈다. 바로 이스라엘을 치는 것 같이 하면서 실제로는 치지 않는 전략이었다. 아기스의 환심을 사면서 동시에 동료들의 삶의 터전을 만들어주려는 일종의 궁여지책이었다.

이스라엘의 가장 아래 지역이 유다 지역이었는데, 나는 그 밑의 나라, 곧 나의 민족과는 전혀 상관이 없거나 아말렉을 위시로 하여 나의 민족에 위협이 되었던 곳들의 성읍들만 쳤다. 그리고는 아기스에게 거짓말로 보고하는 형식을 취했다. 심지어 거짓말이 탄로나지 않도록 한번 전쟁에 나갔다 하면 그들의 목숨을 살려 두지 않았다. 아기스는 그때마다 기뻐하면서 나를 신뢰했고, 영영 자기 편이 될 것이라 여겼다.

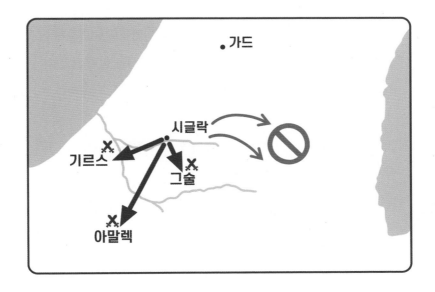

하루는 아기스가 혼자서 내뱉은 말을 우연히 듣게 되었다.

"다윗이 자기 백성 이스라엘에게서 그토록 미움 받을 짓을 하였으니, 그가 영영 나의 종이 될 것이야."(사무엘상 27:12)

하지만 아기스가 나의 기만전술에 넘어간 것은 부정할 수 없는 사실이었다. 나는 이스라엘 민족이 머리털 하나라도 다치지 않기 위해 최선을 다했다. 표면적으로는 친블레셋 인물이 되었지만 실질적으로는 내 민족을 위해 일했다.

물론 누군가는 나의 친블레셋 행동에 대해 손가락질했을 것이다. 아니, 대부분이 그랬을지도 모르겠다. 대한민국으로 치자면 친일행적으로 의심받기에 충분한 경력 아닌가! 하지만 친일, 친미, 친중, 친북 보다 중요한 것이 있다. 바로 친민이다. 내 국민의 머리털까지도 존귀하게 여겨야 한다는 마음가짐 말이다. 적어도 나는 친민의 정신을 잃지 않았다.

안타깝게도 요즘 정치적 이득을 위해 자국민의 안전을 나몰라라 하는 리더들이 있다. 겉으로는 국민을 위하는 듯하지만 실제로는 자신의 위안에만 집중하는 것이다. 그런 리더 밑에 있는 국민은 얼마나 서러울까?

아기스 왕 밑에서 무려 1년 4개월이라는 시간을 보냈다. 그동안 나는 늪에서 허우적대면 댈 수록 더 깊이 빠져드는 경험을 했다. 그리고 더 이상 내 힘으로는 감당할 수 없는 일이 벌어지기 시작했다.

07
웅덩이와 수렁 속에서

사무엘상 28~30장

"귀관이 나와 함께 출정하여야 한다는 것을 알고 있을 줄 아오. 귀관은 부하들을 거느리고 직접 출정하시오."(사무엘상 28:1)

어느 날 아기스는 이스라엘을 치려는 대대적인 작전을 구상했다. 그 구상을 현실로 만들고자 블레셋의 전군을 아벡에 집결시켰다. 우리도 그 작전에서 예외 될 리 없었다. 아기스의 명령에 따라 나와 6백명의 동료 군인들은 아벡에 모여야만 했다.

'드디어 올 것이 왔구나.'

눈앞이 캄캄했다. 왕으로부터 출전명령이 떨어지자 하늘이 무너져내리는 것만 같았다.

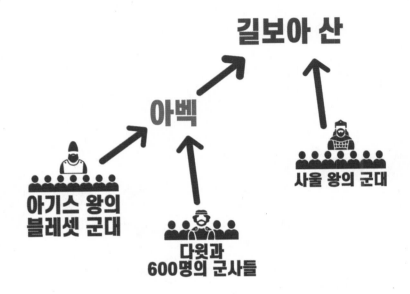

나는 꼼짝없이 그의 명령에 따라야만 했다. 더 이상 다른 선택이나 변명을 할 여유가 없었다. 내가 아기스에게 할 수 있는 말은 한 가지뿐이었다.

"그렇게 하겠습니다. 이 종이 무엇을 할 수 있는지, 임금님이 아시게 될 것입니다."

나의 이 말을 듣고, 아기스는 흐뭇해했다. 내 어깨를 토닥여 줄 정도였다.

"좋소! 귀관을 나의 종신 경호대장으로 삼겠소."

아기스는 내가 자기에게 도움이 될 것이라는 확신에 가득차 있었다. 물론 이렇게 되기까지는 나의 거짓말이 한몫 했다. 하지만 이제는 내가 내 손으로 나의 동족을 아기스의 눈 앞에서 쳐야 되는 상황에 이르게 되었다. 나에게는 부하들과 의논할 시간적 여유조차 주어지지 않았다. 당장 아기스 왕을 경호하면서 전쟁터에 나가는 신세가 되었다. 아기스는 나를 최측근으로 삼아서 전쟁을 치르려는 생각밖에 없었고 나는 그를 따르는 것 외에는 할 수 있는 것이 없었다.

나는 나의 칼로 이스라엘 군사들의 목을 쳐야 하는 가혹한 운명 앞에 놓였다. 더군다나 맞은 편 이스라엘 군의 전쟁을 지휘하는 사람은 사울 왕이 아닌가! 무엇보다 가장 친한 친구 요나단도 아버지 사울 왕과 함께 출전했다.

전화위복을 끝까지 기대하다

그 와중에도 나는 아기스 앞에서 이스라엘 군대를 초토화시키겠다는 각오만을 드러내고 있을 뿐이었다. 어떻게 이런 말을 자신 있게 할 수 있을까? 그러나 일단 아기스의 환심을 사 놓고 봐야 했다. 빠져나갈 기회를 엿보는 것은 그를 안심시킨 이후의 문제였다. 나는 아기스의 말에 따르는 척하면서도 끝까지 희망의 끈을 놓지 않고자 했다. 그리고는 속으로 되뇌며 기도했다. 진퇴양난의 상황에서 주님께서 건져주시기를 아뢰고 간구했다.

블레셋 군대가 사울이 지휘하는 이스라엘 군대를 향하여 전진하기 시작했다. 나도 6백 명의 군대를 거느리고, 그 행렬의 맨 뒤에서 전진하고 있었다. 정말 이대로 그들을 쳐야 하는 상황이 오는가 싶어 암담했다.

그때 아기스의 부하 장군들이 전투 배치를 보고는 이의를 제기하기 시작했다. 나와 동료들이 누구길래 자신들 뒤에 서있어야 하는지 항의하기 시작한 것이다. 생각해 보니 그들 입장에서는 불안하고도 남음이 있었다. 앞에도 이스라엘 군대, 뒤에도 이스라엘 군대가 있는 꼴이 아닌가! 내가 맘이 변하기라도 하면 그야말로 앞뒤로 협공에 시달릴 수도 있다. 뒤통수가 가려운 전열이라고나 할까? 그들은 온 힘을 다해서 전쟁에 임해도 힘든 판에 뒤가 자꾸 켕긴다며 반발하기 시작했다. 블레셋 군대의 지휘관들 입장에서는 충분히 그런 생각을 할만 했다.

"이 히브리 사람들이 무엇 때문에 여기에 와 있습니까?"

그러나 아기스는 나를 의심하지 않았고 확신에 차 있었다. 그는 지휘관들에게 말했다.

"귀관들도 알다시피, 이 사람은 이스라엘 왕 사울의 종이었던 다윗이오. 그가 나와 함께 지낸 지가 이미 한두 해가 지났지만, 그가 망명하여 온 날부터 오늘까지, 나는 그에게서 아무런 허물도 찾지 못하였소."(사무엘상 29:3)

그러나 블레셋 군대 지휘관들은 나에게 분노를 터뜨렸고 집요하게 아기스에게 항의했다.

"저 사람을 돌려보내십시오. 왕이 그에게 지정하여 준 곳으로 그를 돌려보내시고, 우리와 함께 싸움터에 나가지 않도록 하여 주십시오. 싸움터에 나가서 그가 우리의 대적으로 돌변할지도 모르는 일입니다. 그가 무엇을 가지고 자기의 주인과 화해할 수가 있겠습니까? 우리 군인들의 머리를 잘라다 바쳐서 하지 않겠습니까? 그가 바로, 이스라엘 백성이 춤을 추면서, '사울은 수천 명을 죽이고, 다윗은 수만 명을 죽였다!' 하고 추켜세우던 그 다윗이 아닙니까?"(사무엘상 29:4-5)

사울 왕

사울 왕의 이스라엘군

블레셋군

아기스 왕

다윗의 군대

블레셋군 지휘관들이 의심하는 전투대형

아기스도 더 이상 자기 의견을 고집할 수 없었다. 그들의 강력한 저항에 못 이겨 자신의 뜻을 관철시켜야 했고 결국 나를 따로 부르게 되었다.

"다윗 장군. 나에게로 온 날부터 오늘까지, 나는 장군에게서 아무런 허물도 찾지 못하였기 때문에, 장군이 나와 함께 이 부대에 들어와서 출전하는 것을 좋게 생각하였소. 그런데 저 지휘관들은 장군을 못마땅해 하오. 그러니 이제 장군은, 블레셋 사람의 지도자들의 눈에 거슬리는 일을 더 이상 하지 말고, 평안히 돌아가기를 바라오."

이때 나의 진짜 속마음을 속이고자 더 큰 소리로 아기스에게 항의했다.

"내가 잘못한 일이 무엇입니까? 임금님을 섬기기 시작한 날부터 오늘에 이르기까지, 임금님께서 말씀하신 대로 종에게서 아무런 허물이 드러나지 않았다면, 왜 이 종이 이제 나의 상전이신 임금님의 원수들과 싸우러 나갈 수가 없습니까?"

아기스는 미안한 표정으로 나에게 말했다.

"장군이 정직하다는 것을 나는 잘 아오. 나는 장군을 주님의 천사처럼 여기오. 그런데 블레셋 사람의 지휘관들이 장군과 함께는 싸움터에 나가지 않겠다고 말하오. 그러니, 이제 장군은, 장군이 데리고 있는 옛 주인의 종들과 더불어, 내일 아침 일찍 일어나시오. 내일 아침에 일찍 일어나서, 해가 뜨는 대로 떠나도록 하시오."

상상치도 못한 일이 일어났다. 주님의 개입이 아니고서는 있을 수 없는 일이 아닌가! 그렇게 나와 동료 군인들은 다음날 아침에 일찍 일어나 전투 대열에서 빠져나왔고 우리의 거처인 시글락으로 돌아갔다. 위기의 순간에서 주님께서 우리를 들어 올리시고 완벽하게 빼 놓으신 순간이었다.

내가 아무리 전쟁을 잘하고, 무릿매를 잘 던지고, 음악적 재능이 넘치고, 총명하다 할지라도, 이런 상황에서 내가 할 수 있는 것은 하나도 없었다. 무엇보다 블레셋 망명 기간 동안은 주님과의 교제가 끊어졌던 기간이었고, 이중적 행동에서 오는 불안이 연속되고 있었다. 급기야는 벼랑까지 몰리는 상황에까지 치닫게 되었다.
하지만 마지막 순간에 주님께서 깊은 수렁에서 나를 끌어 올리셨다. 오직 그분의 은혜로 한순간에 모든 것이 해결되었다. 이때를 기억하며 나는 이렇게 시를 썼다.

"내가 간절히 주님을 기다렸더니,
주께서 나를 굽어보시고,
나의 울부짖음을 들어주셨네.
주께서 나를 절망의 구덩이에서 건져 주시고,
진흙 수렁에서 나를 건져 주셨네.
내가 반석을 딛고 서게 해주시고

내 걸음을 안전하게 해주셨네."

(시편 40:1-2)

블레셋군에게 인질로 잡혀있던 가족들을 구하다

나와 동료들은 블레셋과 이스라엘의 전쟁터에서 빠져나와 3일만에 다시 시글락으로 돌아왔다. 그런데 새로운 문제에 부딪혔다. 마을이 완전히 초토화되어 있었던 것이다. 알고 보니 그 틈에 인접한 나라인 아말렉 사람들이 우리와 가족들의 삶의 터전인 시글락을 침입하여 노략질을 했다고 했다. 심지어 온 마을에 불을 질러 버렸고 성읍에 살던 어린 아이나 노인 할 것 없이 사로잡아 가버렸다.

하도 기가 차서 맥이 다 풀렸다. 모두가 털썩 주저 앉은 채 목놓아 울어댔다. 지칠 대로 지쳐 더 이상 울 수 없을 때까지 몇 시간이고 울었다. 자기 가족들을 잃은 것에 대한 병사들의 슬픔은 점점 분노로 변했고 저마다 쑥덕거리기 시작했다.

"우리가 누구 때문에 가족들을 잃었나?"
"아말렉 사람들이 이렇게까지 한 이유는 결국 다윗 때문이야."
"맞아, 다윗을 돌로 치자!"

이들의 태도에 어찌해야 할지를 몰랐다. 나와 함께 동고동락을 한 시간이 한두 해가 아닌데, 어떻게 한순간에 돌변할 수 있단 말인가? 나는 절대절명의 위험에 놓이게 되었다. 이제 나는 다른 사람도 아닌, 동료들에게 돌에 맞아 죽는 최후를 맞이할 수도 있었다. 하지만 그런 최후만큼은 피하고 싶었다.

나는 이들에게 상황에 대해 합리화하려고 하지 않았다. 동료들을 원망하지도 않았다. 그들이 충분히 이해가 되었기 때문이다. 아내와 자녀들을 잃는 것보다 더 큰 슬픔이 어디 있겠는가? 나는 다시금 주님께 기도했고, 아말렉 군대를 추격하여 따라잡을 결심을 했다. 이들에게 가족을 되찾아 주어야 한다는 사명감 하나만을 붙든 채 나아갔다. 마음을 다잡은 나는 실망에 빠져있는 자들에게 전했다.

"동지들! 여러분을 충분히 이해하오. 너무나 슬퍼 더 이상 살아갈 의욕이 나지 않는 것을 나도 잘 아오. 나도 마찬가지요. 그러나 우리가 우리끼리 서로 싸워서 좋을 게 뭐가 있겠소? 잡혀가 있는 우리의 가족들은 우리가 그들을 구출하러 올 것이라고 믿고 있을 것이오. 우리가 그들을 추격합시다! 빼앗긴 우리의 가족과 물건을 되찾아옵시다!"

나는 6백 명의 동료들 가운데 지쳐 있는 2백 명은 쉬게 하고 4백 명만을 대동한 채 아말렉을 추격했다. 추격하는 도중에 사흘 동안 굶은 한 소년을 만났다. 나는 일단 가던 길을 멈추고 그의 생명을 살리기 위해 먹을 것과 마실 것을 주었고 잘 간호했다. 아무리 갈 길이 멀고 바빠도 연약한 자를 그냥 죽게 할 수 없지 않은가. 그가 어느 정도 몸 컨디션을 회복했을 때 나는 질문했다.

"너의 주인은 누구이며, 네가 사는 곳은 어디냐?"

그런데 이게 웬일인가! 그는 우리가 쫓고 있는 아말렉 사람들의 소재지를 알고 있었다. 그는 이렇게 대답했다.

"저는 이집트 소년으로서, 아말렉 사람의 노예로 있었습니다. 사흘 전에 제가 병이 들자, 저의 주인이 저를 버리고 갔습니다. 우리가 여러 지역을 습격하였고 당신들의 거주지 시글락도 우리가 불질렀습니다."(사무엘상 30:13-14)

나는 그에게 그 습격자들이 있는 곳으로 데려다 줄 수 있는 지 물었다. 그는 은혜를 갚을 줄 아는 소년이었다. 여부가 있겠냐 하며 얼른 우리를 습격자들이 있는 곳으로 안내하기 시작했다.

가보니 장관이 아니었다. 습격자들은 블레셋 족속의 땅과 유다 땅에서 약탈하여 온 그 많은 전리품을 가지고는 사방으로 흩어져서 먹고 마시고 있었다. 큰 잔치가 한판 벌려져 있었던 것이다. 우리는 닭이 울기 전 새벽부터 공격하기 시작했고, 전투는 그 이튿날까지 이어졌다.

결과는 우리의 완전한 승리였다. 주님이 우리에게 승전고를 부르도록 허락하셨다. 우리는 어린 아이로부터 나이 많은 노인에 이르기까지, 우리의 모든 백성을 다시 데리고 왔다. 가축들과 전리품 등 아말렉 사람이 약탈하여 간 모든 것을 되찾았다.

동료들과 가족들은 서로 부둥켜 울었다. 얼마만의 재회인가! 그들은 얼굴을 비벼대며 기뻐했다. 그날 밤 각각의 텐트에서는 사람들의 웃음소리가 끊이질 않았다.

자국민의 목숨을 위해서라면 땅끝까지라도 간다

지금도 이스라엘은 자기 국민이 고통을 당하고 있으면 반드시 구출하고자 한다. 대표적인 사건이 엔테베 인질구출작전이다.[15] 1976년, 4명의 팔레스타인 게릴라와 2명의 독일 적군파 테러조직원들은 이스라엘의 텔아비브를 출발하여 프랑스의 파리로 가던 에어프랑스 여객기를 그리스의 아테네 공항에 강제로 착륙시켰다.

이 비행기에는 승객과 승무원 269명이 탑승하고 있었으며 그 가운데는 백 명 이상의 이스라엘 사람들이 포함되어 있었다. 이스라엘 정부는 정보기관을 동원하여 인질들의 행방을 드디어 찾아냈다. 납치된 항공기는 리비아를 거쳐 이스라엘에서 4천 km 떨어진 아프리카 우간다의 엔테베 공항에 착륙했다.

납치범들은 승객들 가운데 비이스라엘 국민들은 풀어줬고, 이스라엘 국민만 인질로 남겼다. 하지만 에어프랑스 기장과 승무원들은 긴급한 상황에서 남다른 사명감을 보여주었다.

"저희들도 남겠습니다. 저희에게는 승객들을 끝까지 보호할 책임이 있습니다."

스스로 남기를 자처한 그들을 포함하여 인질로 잡힌 사람은 총 106명이었다. 납치범들은 세계 각국에 수감 중인 50여 명의 동료들을 석방해달라는 조건을 내세웠고, 만약 이 조건을 들어주지 않으면 인질들을 살해하겠다고 협박했다.

인질구출작전은 불가능에 가까웠다. 그러나 이스라엘 정부는 절대로 포기하지 않았다. 이스라엘은 자국민을 보호하는 일이라면 불가능의 장벽을 뛰어넘고자 하는 정신을 가지고 있기 때문이었다. 자국민의 목숨을 구하기 위해서라면 땅 끝까지 아니 우주 공간까지도 추적할 각오가 되어 있었다. 그만큼 결코 포기하지 않겠다는 의지를 드러내었다.

이스라엘은 이럴 때일수록 침착하면서도 신속하게 대처하고자 했다. 가장 먼저 정보기관을 통해 엔테베 공항의 위성사진, 공항구조, 공항도면 등의 첩보자료를 입수했다. 그리고 풀려난 비유대계 인질들을 찾아가 그들이 겪었던 모든 과정과 인질범들의 무장정보, 항공기의 내부 상황 등을 아주 상세하게 파악했다.

그뿐만 아니라 우간다 대통령과 가까이 지내는 인물들을 물밑 접촉하여 협조를 구했고 정보를 수집했다. 이런 정보를 토대로 엔테베 공항의 모형을 만들었고 특공대원들은 이에 맞추어 구조훈련을 하기 시작했다.

드디어 D-day가 다가왔다. 계획을 착수한 날로부터 걸린 시간은 불과 6일이었다. 작전수행을 위한 차량들과 무기 등 각종 장비들은 수송기에 실었고, 100명의 특공대원들은 보잉 707 두 대를 이용하여 엔테베 공항으로 이동했다. 작전명은 '오퍼레이션 선더볼트'로 정했다. 그들은 전광석화와 같이 구출작전을 끝내야 성공할 수 있다는 뜻을 담고자 했다. 물론 성공률은 거의 0.01%였다. 4천 km나 되는 여정도 결코 간단한 일이 아니었다.

안전하고 비밀리에 이동해야 하기 때문에 각국의 레이더망에 절대로 잡히면 안되었다. 그래서 중동지역에서는 불과 20m가 안 되는 초저고도로 홍해 위를 날아가는 모험을 감행했다. 얼마 후, 드디어 우간다 국경에 다다랐다. 우간다 공항에 착륙하는 일도 문제였다. 여기서 이스라엘은 지혜를 발휘했다.

"일단 그들이 원하는 인질들을 데려다 주는 것처럼 하자. 그렇게 속여야 우간다 상공에 진입할 수 있다."

그야말로 초긴장감과 극도의 위기감이 공존하는 작전이 수행되기 시작했다.

이윽고 엔테베 공항이 시야에 들어왔다. 작전의 성공여부는 상대에게 수를 읽히지 않는 데 달렸다. 곧 예상을 뛰어넘는 발상으로 작전을 수행해야만이 성공확률을 높일 수 있다.

이에 그에 대한 방법을 모색했다. 첫째, 공항에서 납치범들이 알지 못하도록 비행기 모든 조명을 끄고 착륙했다. 둘째, 이것을 위하여 밤에도 볼 수 있는 야시경을 착용하여 착륙을 시도했다. 셋째, 도착 후 제일 먼저 특공대는 공항의 전기를 끊어 공항에 그 어떤 조명도 비추지 못하게 했다. 넷째, 인질구출대원들은 어둠 가운데 납치범들과 인질들이 있는 터미널로 신속히 이동했고 히브리어로 '엎드려!'를 외쳤다. 이 말을 알아들은 이스라엘인들은 엎드렸고 그 외의 인질범들은 그 자리에서 모두 사살되었다. 그렇게 이스라엘인들을 무사히 구출할 수 있었다. 공항터미널에서 인질범들을 소탕하는 데 걸린 시간은 2분도 채 안 되었다. 작전명대로 신속하게 일을 마무리했다.

결국 이스라엘군은 납치된 인질 106명 가운데 103명을 구조했다. 사건 발생일로부터 7일째인 1976년 7월 4일, 납치되었던 국민들은 안전하게 이스라엘로 돌아왔다. 이 이야기는 '엔테베에서의 7일'이라는 제목의 영화로도 만들어졌다고 한다. 그 정도로 그때의 그 일은 자기 민족을 구하려는 이스라엘의 정신이 여실히 반영된 사건이라고 할 수 있다.

엔테베작전, 인질구출의 교과서로 사용되다

한국에도 유사한 사건이 있었던 것으로 알고 있다.[16] 지금으로부터 10여 년 전, 아덴만에서 화물선 삼호주얼리호가 납치되었다. 소말리아의 해적에게 납치되어 21명의 생명이 위험에 놓이게 되어 대한민국 국민의 마음을 조리게 했던 사건이었다. 이때 엔테베 작전은 인질구출의 교과서로 사용되는 데에 부족함이 없었다.

이들을 구하기 위하여 당시 한국정부와 군은 최선의 노력을 다했다. 우선적으로 신속한 정보수집에 들어갔다. 구체적으로 화물선의 내부도면 축소판을 한국의 회사로부터 협조 받아 본격적으로 작전 설계와 훈련에 들어갔다. 훈련 후, 한국 해군의 청해부대 구축함은 아덴만(아덴걸프) 지역으로 출발했다. 이 구축함의 이름은 최영함이다. 고려시대의 명장 최영 장군의 이름을 딴 만큼, 이름에서부터 위엄이 잘 드러나 있었다. 바로 그 최영 구축함에는 특공대들이 작전을 수행할 고속정 세 대가 실렸다.

이윽고 그들은 아덴만에 도착했다. 문제는 해적들에게 고속정을 바다에 띄우는 것을 눈치채지 못하게 하는 일이었다. 이에 그들은 두 번에 나누어 그들의 시야에서 보이지 않는 쪽에서, 180도 회전시켜 반대쪽에서 고속정을 풀었다.

작전명은 여명작전이다. 파죽지세의 구출작전이 본격적으로 시작되었다. 구출작전의 핵심은 상대방에게 여유를 주지 않는 것이다. 쓰나미처럼 몰아쳐야만이 승부수를 띄울 수 있다. 특히 아덴만 구출특공대는 해적들이 이해하지 못하도록 한국어로 이렇게 방송했다고 한다.

"잠시 후 우리 해군이 여러분의 구조를 위해 공격할 것입니다. 안전구역으로 대피하고, 외부로 나오지 마십시오."

이후 가장 먼저 그들이 통신하지 못하도록 조타실의 레이더를 파괴시켰다. 이스라엘 특공대들 역시 공항의 레이더망을 폭파했고 주변의 러시아제 공군 전투기들까지 모두 폭파했다. 행여나 반격이 들어오면 안 되기 때문이었다. 그들은 구축함과 헬기가 먼저 공격하여 해적들의 정신을 빼놓았고, 그 틈을 이용하여 특공대 UDT 대원들이 배에 올랐다. 결국 해적을 모두 소탕하는 성과를 올렸다. 그때 다시 한번 한국어 방송이 나갔다.

"선원 여러분 안심하십시오! 대한민국 해군 청해부대입니다! 현재 선박은 대한민국 해군이 장악하였습니다. 안심하시고 갑판으로 나와 주십시오."

인질로 잡혀 있었던 선원 25명 전원을 안전하게 구출하였다. 작전 개시 1시간 13분만에 이루어 낸 대한민국 최초의 인질구출 사건이었다. 동시에 대한민국의 위상을 전세계에 알리는 순간이었다. 자국민의 생명을 위해서라면 어떤 상황도 포기하지 말고 장벽을 뛰어넘는 그들의 정신은 전 세계에 감동을 주었다.

아덴만 여명 작전은 엔테베 작전의 축소판이었다. 첫째, 위장전술이 같았다. 이스라엘 특공대는 공항으로 들어가기 위해 우간다 대통령의 차량으로 위장했다. 심지어 우간다 대통령으로 변장까지 철저히 하여 외국 출장에서 방금 들어온 것처럼 속였다. 벤츠를 타고 공항 입구까지 무사히 접근하는 데 성공했다. 한편 여명 작전에서 한국의 해군도 기만작전을 폈다. 공격하는 척하는 행위를 수차례 반복했고, 작전일 새벽에 고속정을 내릴 때는 해적들의 눈을 피해가며 뱃머리를 돌렸다.

둘째, 철저한 사전준비가 같았다. 이스라엘 특공대는 먼저 공항의 설계도를 구해 모의 공항까지 만들어 훈련했으며, 작전은 50여 분 만에 초스피드로 끝이 났다. 마찬가지로 여명 작전에서 한국의 해군도 삼호 주얼리호와 거의 비슷한 배의 설계도를 입수해 훈련했다. 역시나 실제의 구출작전은 막힘이 없었다.

셋째, 히브리어 vs. 한국어였다. 엔테베 작전에서 테러범들 모르게 히

브리어를 사용했듯이, 한국의 해군도 한국어로 알려 선원들이 미리 대비
할 수 있었다.

참고자료

아덴만 여명작전, 출처 : 조선일보, 2011.1.24

"대한민국이 내 조국이라는 사실을 뼈저리게 느끼고,
대한민국 국민의 자부심을 느낄 수 있는 소중한 시간이 되었습니다."

_ 아덴만 여명작전에서 구출된 한 시민, 2011

주여!
내가 부르짖는 소리를 들으시고,
내 기도를 들어 주소서
마음이 약해질 때,
땅 끝에서부터 주님을 부릅니다.

내 힘으로 오를 수 없는 저 바위 위로
나를 인도하여 주소서.
주님은 나의 피난처시요,
원수들에게서 나를 지켜 주는 견고한 망대이십니다.

내가 영원토록 주의 장막에 머무르며,
주의 날개 아래로 피하겠습니다.

(시편 61:1-4, 다윗의 시에서)

PART **3**
인생의
황금기

08
이스라엘
남측의 대통령이 되다

사무엘상 31장, 사무엘하 1, 2장

나는 스무 살 때 골리앗과의 드라마틱한 전투를 경험하고 난 후, 도망
자의 신분으로 10년이란 세월을 보냈다. 인내의 기간이었지만 참는다는
것은 쉽지가 않았다. 블레셋에 있을 동안에도 지칠 대로 지쳐 있었다.

특히 시글락에 있는 동안에는 마음이 여간 불편한 것이 아니었다. 몸
은 이곳에 있지만 마음은 길보아산, 즉, 가드의 블레셋과 사울의 이스라
엘이 전투하고 있는 공간에 가 있었다. 그 당시로는 블레셋 군대의 힘이
막강할 때였다. 어느 때보다 강한 군사력을 가지고 있다는 걸 잘 알기에
이스라엘 군대가 잘 싸우고 있는지 걱정되었다.

"그래도 별일이야 생기겠어?"

마음을 가라 앉혀보려고 했지만 불안함을 지울 수 없었다. 그렇게 이틀을 보냈다. 사흘째 되는 날에, 한 젊은이가 헐레벌떡 전장에서 달려왔다. 눈빛이 심상치 않았다. 그는 나에게 전할 말이 있다고 했다.

"무슨 일이 일어났는지, 어서 나에게 알려라."

그가 대답했다.

"우리의 군인들이 싸움터에서 달아나기도 했고, 또 그 군인들 가운데는 쓰러져 죽은 사람도 많습니다. 사울 임금님과 요나단 왕자께서도 전사하셨습니다."

나는 그 젊은이에게 다그쳐 물었다.

"사울 임금님과 요나단 왕자께서 전사한 줄을 네가 어떻게 알았느냐?"

그는 사울의 소식을 자세히 전달해주었다.

"제가 우연히 길보아 산에 올라갔다가, 사울 임금님이 창으로 몸을 버티고 서 계신 것을 보았습니다. 그 때에 적의 병거와 기병대가 그에게 바짝 다가오고 있었습니다. 사울 임금님이 뒤로 고개를 돌리시다가, 저를 보시고서, 저를 부르셨습니다. 사울 임금님이 저더러 '어서 나를 죽여다오. 아직 목숨이 붙어 있기는 하나, 괴로워서 견딜 수가 없다' 하고 말씀하셨습니다. 제가 보기에도, 일어나서 사실 것 같지 않아서, 다가가서 명령하신 대로 했습니다. 그런 다음에, 저는 머리에 쓰고 계신 왕관을 벗기고, 팔에 끼고 계신 팔찌를 빼어서, 이렇게 가져왔습니다."(사무엘하 1:6-10)

이 말을 듣자 마자, 나는 슬픔을 억누를 수가 없었다. 땅바닥에 주저앉아 내 옷을 마구 찢으며 대성통곡을 했다. 해가 질 때까지 아무 것도 먹지 않았다. 십여 년 동안 사울의 추격을 피하며 갖은 고생을 다 당했으면서도 여전히 사울에 대한 충성심은 변하지 않았다. 이스라엘 백성으로서 그 마음을 버릴 수는 없었던 것이다.

사울 왕의 죽음 앞에 인생의 덧없음을 깊이 느꼈다. 무엇보다 형제와 같이 지내며 깊은 우정을 나누었던 요나단의 소식에 가슴이 더 무너져 내렸다. 그렇게도 나를 아껴 주었던 요나단이 아닌가! 그와 함께한 시간들이 다시 오지 못한다는 사실에 슬픔은 갑절로 흘러 넘쳤다. 나는 사울 왕과 요나단을 위한 조가를 지어 올렸다.

"이스라엘아, 우리의 지도자들이 산 위에서 죽었다.
가장 용감한 우리의 군인들이 언덕에서 쓰러졌다.
이 소식이 가드에 전해지지 않게 하여라.
이 소식이 아스글론의 모든 거리에도 전해지지 않게 하여라.
블레셋 사람의 딸들이 듣고서 기뻐할라.

저 할례받지 못한 자들의 딸들이 환호성을 올릴라.

길보아의 산들아,
너희 위에는 이제부터 이슬이 내리지 아니하고,
비도 내리지 아니할 것이다.
밭에서는 제물에 쓸 곡식도 거둘 수 없을 것이다.
길보아의 산에서, 용사들의 방패가 치욕을 당하였고,
사울의 방패가 녹슨 채로 버려졌기 때문이다.

원수들을 치고 적들을 무찌를 때에,
요나단의 활이 빗나간 일이 없고, 사울의 칼이 허공을 친 적이 없다.
사울과 요나단은 살아 있을 때에도
그렇게 서로 사랑하며 다정하더니,
죽을 때에도 서로 떨어지지 않았구나!
독수리보다도 더 재빠르고, 사자보다도 더 힘이 세더니!

이스라엘의 딸들아,
너희에게 울긋불긋 화려한 옷을 입혀 주고,
너희의 옷에 금장식을 달아 주던, 사울을 애도하며 울어라!

아, 용사들이 전쟁에서 쓰러져 죽었구나!
요나단, 어쩌다가 산 위에서 죽어 있는가?

나의 형 요나단, 형 생각에 나의 마음이 아프오.
형이 나를 그렇게도 아껴 주더니,
나를 끔찍이 아껴 주던 형의 사랑은
여인의 사랑보다도 더 진한 것이었소.

어쩌다가 두 용사가 엎드러졌으며,
무기들이 버려져서, 쓸모 없이 되었는가?"

(사무엘하 1:19-27)

고향 헤브론으로

며칠 후, 기도 중에 새로운 결심을 하게 되었다. 시글락을 떠나 유다
지역의 중심지인 헤브론으로 가기로 한 것이다. 나와 동료들은 온 가족
을 데리고 떠났다. 그때부터 헤브론의 여러 성읍으로 이주하여 살기 시
작했다.

오랜만에 갖는 여유의 시간이었다. 가족과의 시간을 보낼 수 있다는
게 이렇게 특별했던 일이었던가! 돌아보니 지난 십 년 동안의 삶은 천신
만고의 세월이었다. 국민영웅에서 도망자로, 도망자에서 다사모의 리더
로, 블레셋 망명자이자 아기스의 부하로…. 막상 지나고 보니 꿈을 꾼 것
같았다. 험난하기만 했던 인생들이 언제 내 인생 가운데 자리했나 싶을
정도였다. 그만큼 오랜만에 나는 여유로운 시간을 보냈다.

문득 소년 시절, 아버지의 양떼를 보살피던 때가 떠올랐다. 나는 그 추억을 쫓아 양떼와 함께 초원에 나가보았다. 그리고 하프를 들어 연주했다. '주님은 나의 목자시라. 내게 부족함이 없구나'를 읊조리면서….

지금 헤브론에 살고 있다는 것 자체가 꿈을 꾸고 있는 것만 같았다. 이 지역이 갖는 의미는 상당하다. 일찍이 내가 속한 유다지파의 갈렙은 '가장 힘든 곳이지만 주님의 약속을 부여잡고 헤브론 산간지역을 정복하겠다.'고 선포했다. 그만큼 이곳은 의미 있는 지역이다. 이 지역에 거하게 되니 갈렙의 진취적 영성을 이어받아 한결 같은 마음으로 주님을 따르겠다는 의지가 샘솟았다.

얼마 후, 유다지파의 지도자들이 나를 찾아왔다. 그들은 그 곳에서 나에게 기름을 부었고 나를 유다 사람의 왕으로 삼았다. 이 사건에 대해 사무엘서에 이렇게 기록되어 있다.

"다윗은 자기의 부하들과 그들의 온 가족을 데리고 함께 올라가서, 헤브론의 여러 성읍에서 살도록 하였다. 유다 사람들이 찾아와서, 그 곳에서 다윗에게 기름을 부어서, 유다 사람의 왕으로 삼았다."(사무엘하 2:3-4)

그렇게 나는 이스라엘의 남쪽인 유다 사람들의 왕이 되었다. 나는 나를 따르던 군사들을 활용하여 군사적으로 밀어 부쳐 정권을 세운 것이 아니라, 유다지파 지도자들에 의해 추대되었다. 물론 나는 이미 열다섯 살 때 사무엘 선지자에 의해 이스라엘의 미래 지도자로 임명 받았다. 그러나 국민이 원하지 않으면 왕이 될 수 없었다. 세월이 흘러서야 이렇게 공식적인 이스라엘의 지도자가 되었다. 주님이 캐스팅하신 이래로 사무엘이 나에게 기름 부은 지 15년 지난 후에야 국민에 의해 추대된 대통령이 된 것이다.

남측의 왕으로 추대되었을 때, 사울과 왕자들의 시신을 찾아 장사 지내준 야베스 주민들을 잊을 수가 없었다. 블레셋 군대가 사울의 주검을 성벽에 매달아 두어 죽은 뒤에도 계속 치욕을 당하고 있었는데, 야베스의 주민들은 밤새도록 그곳까지 걸어가 사울의 주검과 그 아들들의 시체를 성벽에서 내린 후 야베스로 돌아왔다. 그곳에서 주검을 모두 화장하고 그들의 뼈를 거두어다가 나무 아래에 묻어두었다. 나는 야베스 주민들에게 진심을 담은 편지를 전달했다.

"야베스 주민 여러분이 사울 왕의 장례를 잘 치러서, 왕에게 의리를 지켰으니, 주께서 여러분에게 복을 주시기 바랍니다. 여러분이 그러한 일을 하였으니, 이제는 주께서 여러분을 친절과 성실로 대하여 주시기를 바랍니다. 나도 여러분을 잘 대접하겠습니다. 비록 여러분의 왕 사울 임금님은 세상을 떠나셨으나, 유다 사람이 나에게 기름을 부어서 왕으로 삼았으니, 여러분은 이제 낙심하지 말고, 용기를 내기를 바랍니다."(사무엘하 2:5-7)

한편 내가 왕이 된 지 5년가량이 지났을 때의 일이다. 사울의 군대장관이었던 아브넬은 사울의 아들들 가운데 유일하게 생존해 있던 이스보셋을 북쪽 이스라엘의 왕으로 추대했다. 한 이스라엘, 두 임금의 시대가 된 것이다. 이스라엘 국민들의 염원과는 달리 남과 북으로 갈리는 분단 국가가 시작된 셈이다.

아브넬이 남북통일을 제안하다

남북 분단의 주역을 담당한 아브넬은 어떤 사람이었는가? 그는 처세술에 아주 능했다. 그는 내가 유다지역의 왕이 된 후 단 한 번도 찾아오지 않았다. 내가 왕이 되자 마자 북쪽 지역을 대표하는 왕을 세워 앉혔음에도 그는 사울 왕의 대리 역할을 하며 권력을 행사했다. 아무래도 그는 허수아비 왕을 두는 것이 자신에게 유리하다고 생각했던 것 같다. 그런 이유로 몇 년이 지난 후에야 힘 없는 이스보셋을 왕으로 세웠던 것이다(참조: 사무엘하 2:8-10).

아브넬의 인생을 좀더 관찰해보자. 그는 이름도 없었던 사울의 아들 이스보셋을 북쪽 지역의 왕으로 삼았다. 그리고 당시 요압이 이끄는 남측 군대와 아브넬이 이끄는 북측 군대는 틈만 나면 싸우곤 했다. 남과 북의 기싸움은 말로 형언할 수 없을 정도로 심각했다.

세월이 흐를수록 모든 분야에서 북측은 쇠퇴해가고 남측은 흥하여 갔다. 그 와중에 아브넬은 실질적인 권력을 휘두르고 있었다. 왕으로 불리지만 않았을 뿐이다. 심지어 그는 사울 왕의 후궁이었던 여인을 범하는 일까지 자행했다. 당시 왕의 아내나 첩을 범한다는 것은 본인이 왕이라는 것을 선포하는 것이나 다름없었다.

아브넬은 자신이 허수아비로 세운 이스보셋과도 감정이 틀어졌고 급기야는 그를 버리기로 결심했다. 어느 날 아브넬은 밀사를 나에게 보냈다. 나는 밀사로부터 아브넬의 친서를 받아 읽었다.

"이 나라가 누구의 것입니까? 그러니 임금님이 저와 언약을 세우시면, 내가 임금님의 편이 되어서, 온 이스라엘이 임금님에게 돌아가도록 하겠습니다."(사무엘하 3:12)

아브넬은 이스보셋과 전혀 상의하지 않은 채, 남북통일을 논하자는 제안을 나에게 한 것이다. 나는 밀사의 제안에 흔쾌히 이렇게 의사를 표했다.

"좋소! 내가 장군이 제안한 조건을 수락하오. 내가 장군과 언약을 세우겠소."

나는 아브넬의 밀사에게 그의 조건을 수락하겠다고 전했다. 참고로 나는 통일이 되더라도 아브넬을 토사구팽할 생각은 눈꼽 만큼도 없었다. 통일 이스라엘에서도 여전히 그를 중용하겠다고 분명하게 말했다.

나의 남북통일에 대한 구상을 전달받은 아브넬은 북이스라엘의 여러 지파 지도자들을 모았다. 그는 사울 왕이 속한 베냐민지파 사람들과도 상의했다. 그리고 그들은 남북통일에 대해 가결했다. 단, 이 논의에서 허수아비 이스보셋 왕은 배제되었다.

나의 통일정책

당시 남과 북 사이에 분계선이 있어 민간 교류의 장벽이 있었던 것은 아니지만, 한 이스라엘에 왕이 둘이 있는 상황이다 보니 내전이 가끔 뒤따르곤 했다. 이에 나는 이스라엘 통일과정에서 다음과 같은 정책을 추구했다.

첫째, 군사적, 경제적 우위를 유지시켰다. 우위를 차지한다는 것은 너무나도 중요하다. 갑의 위치가 을의 위치 보다 훨씬 유리한 입장이라는 것은 지극히 당연한 것이다. 남과 북 사이에 전쟁이 오래 계속되던 가운데 남쪽은 점점 강해지고, 북쪽은 점점 더 약해졌다. 사무엘서에 이렇게 기록되어 있다.

"사울 집안과 다윗 집안 사이에 전쟁이 오래 계속되었다. 그러나 다윗 집안은 점점 더 강해지고, 사울 집안은 점점 더 약해졌다."(사무엘하 3:1)

둘째, 때를 기다리는 통일정책을 썼다. 바람직한 통일 정책은 상대방을 인정하되 기다림으로 승부하는 것이다. 조급하면 협상에서 항상 지게 되어있다. 언제까지 기다리느냐? 상대편에서 통일협상을 하러 올 때까지다. 궁한 쪽이 반드시 카드를 들고 나오게 되어 있다. 궁하지 않으면 절대로 나오지 않는다. 권력을 잡고 있으면 아쉬울 게 없다. 이대로도 잘 살고 있는데 굳이 통일을 할 이유가 없는 것이다. 이것은 인간의 본성과도 연관된다. 인간은 근본 자체가 이기적 성향을 가지고 있다. 자기 중심

적이다. 따라서 자기가 편하면 굳이 바꾸려고 하지 않는다.

셋째는, 상대 측에 대한 체제 위협을 하지 않았다. 북측을 그대로 인정했다. 아마 내가 마음만 먹었으면 무력으로 북쪽을 점령하고 통일을 시켰을 수도 있다. 자랑 같지만 나는 전쟁에서 져본 적이 없는 백전백승의 군사전문가가 아닌가? 그러나 나는 그렇게 하지 않았다. 골육의 형제인 내가 무력으로 통일을 하고 나면 같은 민족 간의 우열의식이 생겨나기 때문이다. 이때 북측의 상대적 소외감은 이루 말할 수 없을 것이다.

How about 한반도의 통일?

분단의 아픔을 겪어본 나로서 대한민국 국민들에게 꼭 하고 싶은 말이 있다. '통일은 언제 될지 모른다. 또한 순식간에 이루어질 수도 있다.'는 것이다. 상대방 체제가 무너지길 바라지도 않고 위협하지 않았음에도, 반대쪽 사람들이 몰려오면 어떻게 하겠는가? 통일을 어떻게 이룩하자는 양측간 통일 방안도 중요하지만, 불시에 통일이 될 수도 있음을 인식해야 한다.

그리고 그것에 대비해야 한다. 준비하지 않은 채 갑작스럽게 이런 일이 발생하게 되면 사회적 혼란이 심각해진다. 앞으로 대한민국도 통일이 될 거라 생각한다. 물론 어떻게 통일이 될 것인지, 또 어떻게 통일되는게 바람직한 통일인지는 잘 모르겠다.

물론 입장은 다양할 것이다. 각계에서 여러 가지 주장이 있는 것 같다. 정부가 달라질 때마다 통일정책도 바뀐다고 들었다. 분명한 것은 무력으로 통일하는 것은 안 된다는 사실이다. 이 경우, 통일 이후에도 너무나 큰 상처를 가지고 살아가게 된다.

아마 양측 모두 자기에게 유리하게 통일정책을 펼치려고 할 것이다. 상대방이 망하길 바랄 수도 있고, 적어도 내 측은 절대 망하지 않을 것이라는 확신을 갖기도 할 것이다.

특히 북한은 1인 절대 권력자에 의해 통치되는 나라이다. 남한에서 대통령은 국민을 위해 존재하지만, 북한에서는 수령을 위해 인민이 존재한다. 일반 국민의 기본 권리가 무시되는 상황은 결코 주님이 원하는 국가체제가 아니다. 전 세계에서 그리스도인 박해가 가장 심한 북한의 체제를 어떻게 주님이 기쁘게 생각하시겠는가? 중국 공산당이나 북한의 노동당이 다당제 정치체제에서의 정당과 동일한 성격을 가지고 있다고 생각하면 큰 오산이다. 이들은 국가 행정과 법체계 위에 존재한다. 국가주석 위에 있는 사람이 공산당 서기 혹은 노동당 총비서다. 심지어 맨 하급기관에서도 행정수반은 기관장임에도 불구하고 기관 당서기 혹은 당비서의 감독 하에 있다. 모든 기관이 당의 영도 하에 있다는 뜻이다.

또한 빅데이터와 AI를 중심으로 하는 인공지능시대는 독재정부에게 감시체제를 허용하는 역기능을 발휘하여 권력을 더욱 강화시켜줄 가능성도 배제할 수 없다. 더 나아가 북한에서는 휴대전화 도청까지 실시하고 있는 것으로 파악되고 있다.[17-19]

이와 같이 감시와 박해에 대한 도덕성을 전혀 갖추지 않은 독재정부 북한과 어떻게 통일 협상을 해 나갈 것인지도 보통 문제가 아닐 수 없다. 양측 모두 종교의 자유가 있고, 인권이 존중되고, 표현의 자유가 보장되고, 법치주의가 공고해지고, 수고한 만큼 소득이 보장되는 시장경제 제도가 활성화되기를 기도해야 한다. 분명 대한민국이 주님의 인도하심을 바라보고 나아간다면 통일문제를 잘 해결해낼 수 있을 거라 믿는다.

베를린 장벽의 붕괴, 1989, Origin: Washington Post, Photo by Carol Guzy

남한과 북한의 통일에 있어서 반드시 보장되어야 할 것은 바로 하나님이 부여하신 '인간의 존엄권'이다. 남북한의 지도자들은 반드시 국민의 자유지수를 높이는 고민을 해야 한다. 통일의 방법보다 더 중요한 것은 통일의 방향이다. 즉 전체주의적인 통일국가는 상상도 할 수 없다. 그런 의미에서 UN에서 공포한 세계인권선언문의 각 조항은 남과 북의 모든 국민이 향수해야 하는 필수적인 사항이다. 그중에서 지면관계 상 일부만 여기에 소개하겠다.

제3조 모든 사람은 자기 생명을 지킬 권리, 자유를 누릴 권리, 그리고 자신의 안전을 지킬 권리가 있다.

제5조 어느 누구도 고문이나 잔인하고 비인도적인 모욕, 형벌을 받아서는 안 된다.

제9조 어느 누구도 자의적으로 체포, 구금, 추방을 당하지 않는다.

제12조 개인의 프라이버시, 가족, 주택, 통신에 대해 타인이 함부로 간섭해서는 안 되며, 어느 누구의 명예와 평판에 대해서도 타인이 침해해서는 안 된다.

제13조 모든 사람은 자기 나라 영토 안에서 어디든 갈 수 있고, 어디서든 살 수 있다. 또한 그 나라를 떠날 권리가 있고, 다시 돌아올 권리도 있다.

제17조 모든 사람은 단독으로 또는 타인과 공동하여 재산을 소유할 권리를 가진다. 누구나 자의적으로 자신의 재산을 빼앗기지 않는다.

제18조 모든 사람은 사상, 양심, 종교의 자유를 누릴 권리가 있다.

제19조 모든 사람은 의사표현의 자유를 누릴 권리가 있다.

제20조 모든 사람은 평화적인 집회 및 결사의 자유를 누릴 권리가 있다.

제21조 모든 사람은 직접 또는 자유롭게 선출된 대표자를 통해, 자국의 정치에 참여할 권리가 있다. 모든 사람은 자기 나라의 공직을 맡을 권리가 있다.

제23조 모든 사람은 일할 권리, 자유롭게 직업을 선택할 권리, 공정하고 유리한 조건으로 일할 권리, 실업상태에서 보호받을 권리가 있다. 모든 사람은 차별 없이 동일한 노동에 대해 동일한 보수를 받을 권리가 있다.

제29조 모든 사람은 자신이 속한 공동체에 대해 한 인간으로서 의무를 진다.

09

남북통일이 이루어지다

사무엘하 3장~5장 5절

통일에 대한 논의가 마무리되고 난 후, 드디어 아브넬을 단장으로 한 북측 대표들이 남측의 수도 헤브론에 도착했다. 나는 그들을 열렬히 환영했다. 감격의 순간이었다.

그 자리에서 본격적으로 통일협상이 시작되었다. 남측의 대표로는 내가 직접 나섰다. 말이 통일협상이지 북측의 항복문서를 전달받는 회담에 가까웠다. 나는 통일 이스라엘을 생각하니 너무나 기뻤다. 북측 대표단을 위한 큰 잔치도 베풀었다.

잔치는 성대했고, 모두가 행복해했다. 서로 잔을 부딪치며 지난 날들을 회상했고 대화도 끊이지 않았다. 무엇보다도 그들은 '내가 사울 왕에 이어 왕이 될 것'이라고 했던 사무엘의 이야기를 꺼내며 침이 다 마르도록 나를 높이는 말을 했다. 나는 그들에게 손사래 치며 나의 이름이 아니라 이스라엘을 통하여 주님의 이름이 높아져야 한다고 힘주어 말했다. 어쨌든 우리 모두에게는 잊을 수 없는 밤이었다.

이튿날 아침, 아브넬과 사절단은 북측으로 돌아가기 위해 작별인사를 하러 왔다. 나는 한사람 한사람과 손을 잡고 서로 포옹하며 애정을 표현했다. 마지막으로 아브넬과도 포옹한 후 '곧 다시 보자'고 말하자, 그는 이렇게 말했다.

"이제 북으로 돌아가서 북이스라엘 전체 사람들을 모아놓고 다윗 임금님께 선서를 하도록 하겠습니다. 임금님께서 원하시는 어느 곳에서나 왕이 되셔서 다스리실 수 있습니다."(사무엘하 3:21)

통일협상이 이루어졌다는 놀라운 소식은 삽시간에 사람들의 입에서 입으로 전달되었다. 온 이스라엘 국민들이 이 소식을 접했고 모두 하던 일을 멈춘 채 춤을 추며 기쁨을 표현했다.

통일의 걸림돌을 만나다

이제 통일선포를 위한 전국민대회만 열면 온전한 통일국가가 시작된다. 그러나 예기치 못한 복병을 만났다. 남측에도 북측의 아브넬과 같은 사람이 있었다는 것을 미처 생각하지 못한 것이다. 북측의 2인자가 아브넬이라면 나의 남측 2인자는 요압이었다. 요압에게 남북통일에 대해 자세한 상의를 하지 않았던 것은 나의 실수였다. 국가적으로 가장 중요한 회담에 그를 부르지 않았으니 섭섭함이 상당했을 것이다. 그는 나를 가장 옆에서 보필하고 전쟁에 임한 훌륭한 장군인데 말이다.

더욱이 요압의 입장에서는 아브넬과의 접촉에 심기가 불편할 수 있었다. 요압과 아브넬은 껄끄러운 관계였기 때문이다. 2인자로서 정적일 뿐만 아니라 요압의 동생이 아브넬에게 창에 찔려 죽었던 과거가 있다. 한마디로 집안의 원수였다. 요압의 입장에서는 그런 원수가 자기 자리를 밀어내고 통일 이스라엘의 군대 총사령관이 되는 것을 상상하기 싫었을 것이다.

원정 갔다가 돌아오는 길에 통일 협상이 진행됐다는 소식을 들은 요압은 심란해졌다. 막 협상을 끝내고 아브넬이 북으로 돌아가고 있다는 소식에, 그는 얼른 나에게 찾아와서 격정적으로 따져 물었다.

"임금님이 어찌하여 이렇게 하실 수 있습니까? 아브넬이 임금님께 왔는데, 임금님은 어찌하여 그를 그냥 보내서, 가게 하셨습니까? 그는 임금님께서 잘 아시다시피, 임금님을 속이려고 온 것이며, 임금님이 드나드는 것을 살피고, 임금님이 하고 계시는 일도 모조리 알려고 온 것입니다."(사무엘하 3:24-25)

요압의 말을 정리하자면, 아브넬이 대표단을 이끌고 온 것은 진짜 통일의지가 있었던 것이 아니라 우리를 속이기 위해서라는 것이었다. 한마디로 평화를 가장한 정보탐색을 위해서 온 것이라는 의미였다. 한편으로는 일리가 있었다. 그러나 나는 아브넬의 현 상황을 활용하기로 했다. 그가 스파이로 남측을 탐색하기 위해 온 것 또한 분명히 아니라는 확신이 들었다.

나에게 항의하던 요압은 내 허락도 없이 전령을 보내 아브넬을 헤브론으로 돌아오도록 했다. 요압이 할 얘기가 있다고 하니 아브넬은 아무런 의심 없이 왔다. 그리고 요압은 성문 안 인적이 없는 곳에서 아브넬의 배를 찔러 암살해버렸다. 남북통일이 눈앞에서 물거품으로 사라지는 순간이었다.

요압이 아브넬을 살해한 이유는 몇 가지로 정리할 수 있다. 첫째는 동생에 대한 복수심 때문이었다. 둘째는, 평소 지켜보아왔던 아브넬에 대한 불신 때문이었다. 셋째는 아브넬이 군대 총사령관이 되는 것에 대한 거부감 때문이었다. 이 경우 자신이 아브넬 밑의 부하가 되어야 하는데 이는 도무지 용납할 수 없는 일이었다. 넷째는 통일이라는 국가 대사를 논의하는 협상 테이블에 본인이 없었다는 섭섭함 때문이었다.

한편 요압의 행동 때문에 국민들은 내가 암살지령을 내려 아브넬을 죽인 것이라고 오해하기 시작했다. 그러다 보니 요압에 대한 섭섭함은 좀처럼 사라지지 않았다. 통일이라는 역사적 순간이 다가옴에도 불구하고 자기의 주장대로 행동하는 요압은 어리석은 자가 아닐 수 없었다. 나라를 먼저 생각하는 것이 아니라 개인의 이해관계를 먼저 생각하는 것은 안타까운 일이자 후손들에게 용서받지 못할 우를 범한 것이었다.

물 건너갈 위기에 놓인 통일

나는 아브넬의 죽음에 대한 소식을 듣고 충격에 휩싸였다. 자식이 죽은 것 같이 슬펐다. 나는 요압을 비롯한 온 백성에게 명령했다.

"너희는 옷을 찢고, 허리에 굵은 베 옷을 두른 뒤에, 아브넬의 상여 앞에서 걸어가면서 애도하여라."(사무엘하 3:31)

얼마 전 포옹하며 헤어진 것이 마지막 그와의 만남이었다는 게 믿기지 않았다. 나는 슬픔을 애써 눌러가며 아브넬의 상여를 뒤따라갔다. 백성들과 함께 아브넬을 헤브론에 장사지냈고, 그의 무덤 앞에서 목을 놓아 울었다. 온 백성도 울었다. 나는 아브넬을 위한 조가를 지어 불렀다.

"어찌하여 어리석은 사람이 죽듯이, 그렇게 아브넬이 죽었는가? 그의

손이 묶이지도 않았고, 발이 쇠고랑에 채이지도 않았는데, 악한들에게
잡혀 죽듯이, 그렇게 쓰러져서 죽었는가?"(사무엘하 3:33-34)

그러자 온 백성이 아브넬의 죽음을 슬퍼하며, 다시 한번 울었다. 날이
아직 채 저물지 않았을 때에, 사람들이 나에게 와서 음식을 들도록 권했
지만 나는 그들 앞에서 맹세했다.

"오늘 해가 지기 전에, 내가 빵이나 그 어떤 것을 맛이라도 보면, 주님
이 나에게 어떤 벌을 내리셔도 마땅하다."(사무엘하 3:35)

이 일로 국민들은 나의 진심을 알게 되었고, 나는 그들로부터 신뢰를
회복했다. 그 이후로는 내가 무엇을 하든지, 온 백성이 좋게 받아들였다.
더 이상 국민들은 내가 아브넬을 죽게 한 것이라고 오해하지 않았다.

한편 아브넬이 요압에게 살해당한 뒤부터 북이스라엘은 정국이 몹시
불안정했다. 왕인 이스보셋은 허수아비였기 때문에 혼란은 더욱 가중되
었다. 그동안 실권은 아브넬이 쥐고 있었던 터라 국민이 불안해하는 것
은 당연했다. 북측의 각 지파 별 지도자들 또한 아브넬의 영향권에 있었
기 때문에 나라에 대한 걱정은 커져만 갔다.

정국불안을 해결하지 못하는 이스보셋에 대한 불만의 소리도 더욱 높
아져갔고 결국 이 부분에 있어 뜻이 일치했던 세력이 행동을 개시했다.
이스보셋 가까이서 경호하고 있던 군대 지휘관 두 명이 그가 낮잠 자는
틈을 이용해 암살을 감행한 것이다.

목자가 되어주십시오

아브넬에 이어 왕도 사라지자, 북이스라엘은 혼돈 그 자체였다. 정국의 소용돌이 속에 빠져가는 상황에서 달리 해결책이 없었다. 이에 각 지파 지도자들이 모여 만장일치로 통일을 추진하기로 결의했다. 이전에 결정한 바를 재가결한 것이다. 대표들은 다시 남측의 수도 헤브론을 찾았고 나에게 이런 말을 전했다.

"우리는 임금님과 한 골육입니다. 전에 사울이 왕이 되어서 우리를 다스릴 때에, 이스라엘 군대를 거느리고 출전하였다가 다시 데리고 돌아오신 분이 바로 임금님이십니다."(사무엘하 5:1)

그들은 이어서 주님이 사무엘을 통해서 말씀하신 것을 기억하고 있다며 그 내용을 내 앞에서 그대로 외워 말했다.

"네가 나의 백성 이스라엘의 목자가 될 것이며, 네가 이스라엘의 통치자가 될 것이다"(사무엘하 5:2)

북측 대표단은 우리 모두 한 골육임을 강조하며 통일 이스라엘의 목자가 되어 달라고 간곡히 부탁했다. 나는 우리의 통치자가 되어 달라는 진심 어린 마음을 거부할 수 없었고 모든 지파들의 환영 속에서 분단의 종지부를 찍었다.

통일을 하기로 결정하고 난 뒤, 통일 왕의 즉위식을 치르기 위해 각 지파의 지도자들과 백성들이 모였다. 그때의 모습이 사무엘서에 이렇게 기록되어 있다.

"그리하여 이스라엘의 모든 장로가 헤브론으로 왕을 찾아오니, 다윗 왕이 헤브론에서 주님 앞으로 나아가 그들과 언약을 세웠다. 그리고 그들은 다윗에게 기름을 부어서, 이스라엘의 왕으로 삼았다."(사무엘하 5:3)

이로써 7년 6개월의 분단 이스라엘이 종식되고 공식적으로 통일을 이루게 되었다. 나는 양측의 지도자들을 모두 모아 통일 이스라엘의 통치 구조, 양측의 기대치 등 구체적인 협상을 마무리 지었고 통일기념 축제를 거행했다. 이때 참여한 열 두 지파의 군인들만 거의 30만 명을 상회했다. 그들은 3일 동안 먹고 마시며 헤브론에서 머물렀다(역대상 12:23-40). 이렇게 하여 남북이 통일되는 위대한 역사가 이루어졌다.

국가의 수반으로 섬기는 지도자에게는 중요한 덕목이 있다. 나는 그때 그들이 나에게 했던 말을 아직도 잊지 못한다.

"우리의 목자가 되어주십시오."

왕이 되고 대통령이 된다는 것은 국민들의 목자가 되는 것이나 다름 없다. 그럼 목자적 대통령의 역할은 무엇인가? 먼저 보호자가 되어야 한다. 곧 국민의 안전을 지키는 책임을 지는 것이다. 목자는 양들이 풀을

뜯어먹기 좋은 목초가 있는 곳으로 인도하듯, 백성들이 좋은 환경에서 잘 살아가도록 환경을 만들어 주어야 한다. 그렇다면 목자적 대통령의 자세는 어떠해야 하는가?

목자가 양을 위해 자기의 목숨을 아끼지 않듯, 목자적 대통령 또한 백성을 자기 생명처럼 여겨야 한다. 더 나아가 목자가 양들을 인도하여 좋은 길로 나가도록 방향을 제시하듯 목자형 지도자는 국민이 나아갈 비전을 제시해야 한다. 존 맥스웰이 자신이 저서인 '열매 맺는 지도자'에서 한 말이 떠오른다.[20]

"우리는 사람들과 함께 일을 할 수도 있고, 반대로 그들과 전쟁을 벌일 수도 있다. 우리는 쟁기가 될 수도 있고, 불도저가 될 수도 있다. 쟁기로는 땅을 일구어 고르게 한 후, 종자를 경작하기에 합당하게 만든다. 불도저는 땅을 문질러 깎고 방해물들을 옆으로 치워 버린다. 쟁기와 불도저는 한가지로 유용한 기구이지만, 전자는 경작시키는 반면, 후자는 결단을 낸다. 쟁기형의 지도자는 사람들 속에서 경작되기를 기다리는 보고를 찾아 내지만, 불도저 타입의 지도자는 사람들 속에서 파괴되어야 할 방해물을 본다. 당신은 경작자가 되라!"

불도저와 같이 방해가 되는 것은 치워버리고 이상적인 사회를 만들겠다는 것은 목표를 위해 과정을 무시하는 것이나 다름없다. 사람들이 같은 마음으로 신나게 일할 장을 열어주는 것은 지도자의 몫이다.

대한민국에도 쟁기형 지도자가 필요하다. 치유와 희망을 통해 국가를 이끌어 나가는 목자적 리더십이 중요하다. 특히 통일국가가 되면 목자의 심정으로 국민을 사랑하며 지도할 수 있는 대통령이 절대적으로 필요하다. 그런 지도자가 세워지기를 기대해 본다.

10
통일국가의 최우선 과업,
수도 이전

사무엘하 5장 6~12절

남북이 통일되면 가장 먼저 무엇을 해야 할까? 지도자로서 이 부분을 깊이 고민해 왔다. 가장 중요한 것은 온 국민이 일치단결하도록 마음을 모으는 것이었다.

이를 위해 수도를 잘 정해야 했다. 남쪽의 수도 헤브론도, 북쪽의 수도인 마하나임도 아닌 제3의 장소를 물색했다. 나에게 가장 눈에 띄는 장소는 예루살렘이었다. 그러나 예루살렘은 여전히 이스라엘의 영토가 아니었다. 이방인 여부스 민족이 살고 있었다. 사방이 이스라엘이지만 이 지역만은 가나안 정복역사에서 여전히 점령을 못한 채 알박기 땅으로 남아 있었다.

여부스성 모델 | Origin: www.archaeologyillustrated.com

　이곳은 이스라엘의 중앙에 위치한 높은 지대였고 주위의 산들에 둘러
싸인 요새였다. 또한 북쪽 지역과 남쪽 지역 사이의 중간 지대로써 모든
지파들이 쉽게 왕래할 수 있는 지역이었다. 나는 이 장소를 얻기 위하여
이 요새에 살고 있는 여부스 사람들을 점령해야 했다. 여러 세기 동안 난
공불락의 성이었기 때문에 여간 어려울 것 같지 않았다.

　무엇보다 여부스 사람들은 이스라엘이 가나안을 정복하기 전부터 예
루살렘과 그 주변 산간 지역에 거주해 왔던 민족이었다. 이들은 여호수
아 당시 이스라엘 민족의 침공을 받아 일시적으로 패배했지만, 완전히
정복당하지는 않았다(참조: 여호수아 10:23-27). 그 후 사사 시대 때도 유다 및
베냐민 지파의 자손들이 그들을 완전히 쫓아내지 못했기 때문에, 그들은

점차 세력을 확보해나갔고 마침내 예루살렘을 그들의 방어기지로 삼게 되었다.

두더지 작전을 실시하다

여부스 사람들은 내가 자신들을 이길 수 없을 것이라고 생각했던 것 같다. 그들이 이렇게 생각했던 것에도 일리가 있다. 예루살렘이 정복하기에 매우 어려운 요새였기 때문이다. 예루살렘은 당시 가나안을 남북으로 연결시켜 주던 주요 도로에서 멀리 떨어져 있었고, 남쪽과 동쪽의 성벽은 절벽과도 같은 가파른 언덕에 세워져 있었다. 그 주변에는 외적의 침입을 막아 주는 골짜기들이 있었다. 그런 탓에 여부스 사람들은 자신만만했다. 있는 힘껏 나를 조롱할 수 있었다.

하지만 당장 길이 보이지 않는다고 해서 답이 없는 것은 아니었다. 나는 지형 탐사에 들어갔고 공격할 수 있는 공간을 찾아 나가기 시작했다. 그 가운데서 주님은 공격 루트를 찾게 하셨다. 바로 예루살렘 동쪽의 기드론 계곡에 있는 기혼 샘이다. 이 샘은 천연 샘으로 예루살렘 주변의 유일한 수원지였다. 본래는 성밖에 있었지만 지하수로를 통하여 성 안으로 물을 길어 올 수 있었다. 그래서 여부스 사람들은 전쟁 중이라 할지라도 물을 기르기 위해 굳이 성 밖으로 나갈 필요가 없었다. 지하 수로를 통하여 얼마든지 물을 공급받을 수 있었기 때문이다.

우리는 예루살렘으로 갔다. 그 땅에 사는 여부스 민족의 예루살렘을 치고자 했다. 물론 그들은 예상했던 반응을 보이며 기고만장하게 말했다.

"너는 여기에 들어올 수 없다. 눈 먼 사람이나 다리 저는 사람도 너쯤은 물리칠 수 있다."(사무엘하 5:6)

그들은 내가 비밀통로를 알아냈을 거라고는 상상도 하지 못했다. 사실 내가 이 지역에 대해 샅샅이 알게 된 데에도 나름 중요한 이유가 있었다. 사울에게 쫓겨 다니는 동안 아둘람 동굴, 엔게디의 동굴 등 숨을 수 있는 곳은 모두 다 다녀본 내가 아니던가! 특히 동굴은 안전을 확보할 최적의 장소였다.

어느날 기드론 골짝기를 따라 도망 중일 때 목이 너무 말라 샘을 한참 동안 찾은 적이 있다. 그때 기혼샘에 다다랐고 이곳에서 물을 마시던 중 동굴이 있다는 것을 알게 되었다. 해갈한 나는 다시 힘을 내어 동굴을 따라 끝까지 가보기로 했다. 당시 나는 놀라지 않을 수 없었다. 여부스 사람들이 마실 수 있도록 '식수를 운반하는 통로'를 두 눈으로 똑똑히 보게 된 것이다. 이 발견은 예루살렘 함락 작전을 구상하는 데 결정적인 도움이 되었다. 한때 서럽기만 했던 도망의 길이 훗날 작전의 키가 된다는 사실에 남다른 감회가 밀려왔다. 역시나 주님의 인도하심은 우리의 생각을 초월한다.

나는 이 작전명을 "두더지 작전"이라고 일컬었다. 그 날, 나는 나의 군대에 이렇게 명령을 내렸다.

"누구든지 여부스 사람을 치려거든, 물을 길어 올리는 바위벽을 타고 올라가라."(사무엘하 5:8)

여부스 군대의 상상을 뛰어넘는 작전이 펼쳐지기 시작했다. 그들은 '미션 임파서블'이라 여긴 채 안심하고 있었지만 우리는 그들의 생각을 넘는 작전을 차근차근히 수행해나가고 있었다. 아마 그들은 터널을 통하여 들어오는 것이 너무나 어려운 일임을 잘 알았기에 이곳에 대한 방어는 소홀했던 것 같다.

　나는 병사들을 격려하며 제일 먼저 여부스 군을 죽이는 자를 군대 총
사령관으로 세우겠다고 약속했다. 그리고는 물을 나르는 이 터널을 통하
여 본격적으로 공격할 것을 명령했다.

워렌 샤프트 | Origin:www.bibleplaces.com

　참고로 나의 예루살렘 점령 이야기는 신비로운 전설로만 묻힐 뻔했
다. 다행히 1860년대에 워렌(Warren)이라는 영국 공군대위가 이 터널을 발
견했다.[21] 그가 기혼 샘으로부터 성안의 터널 입구까지 총 길이가 69m이
고 깊이만 41m임을 밝혀낸 것이다.

　한편 이 터널은 기혼 샘으로부터 물공급터널, 수직터널, 수평커브터
널, 계단터널, 터널 입구로 구성되어 있었다. 6백 명에 달하는 우리 군대
는 게릴라전에 뛰어난 병사들이었던 만큼, 기혼 샘으로부터 터널을 이동

하여 암벽을 타고 올라가기에 큰 어려움이 없었다.

드디어 우리는 여부스 성 안에 침입하는 데 성공했다. 그리고 마침내 예루살렘 산성을 점령했다.

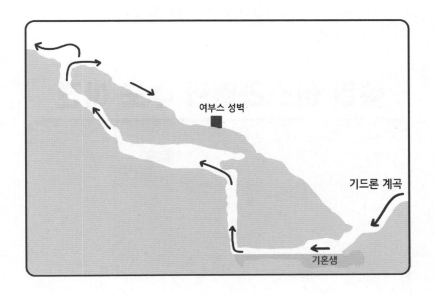

모두를 포용하기 위해 수도를 옮기다

그렇게 예루살렘이 역사의 전면에 등장하기 시작했다. 나는 승리 기념으로 예루살렘성 이름을 다윗성이라 칭했다. 그리고는 이곳을 공식적인 통일 이스라엘의 수도로 선포했다.

예루살렘은 남과 북의 중간지역으로 통일 이스라엘 수도로써 최적이었다. 만약 헤브론이 계속 수도로 기능한다면 북측 사람들이 차별대우를 받는다는 피해 의식에 사로잡히게 된다. 그래서 나는 어느 지파에도 속해 있지 않은 곳을 선택했고, 각 지파의 연합 전술을 시도했던 것이다. 또한 예루살렘으로 수도를 옮기려고 한 또 다른 이유는, 이곳이 고지에 자리잡고 있는 천연적인 방어 요새이자 예루살렘 동쪽에 있는 기혼 샘을 통한 수원지를 확보할 수 있었기 때문이었다.

통일 이스라엘의 수도 이전

기브온: 사울 왕국 수도 / **마하나임** : 북 이스라엘 수도 / **헤브론** : 남 이스라엘 수도

이 과정에서 한 가지 사실을 분명히 배울 수 있었다. 바로 모든 국민의 지지를 얻기 위해서는 자신의 기득권을 과감히 버려야 한다는 것이다. 국가의 화합과 단결이라는 명제를 달성하기 위해서는 자기의 기반이 되는 것을 아까워하지도 말아야 했다. 만약 내가 헤브론을 수도로 유지했다면 어떠했을까? 국민들은 보이지 않는 차별을 겪어야 했을지 모른다. 자연히 마음을 모으기도 어려웠을 것이다. 분명 나의 기반을 포기하고 예루살렘을 택했기에 국민들의 마음을 합하는 중요한 계기를 마련할 수 있었다.

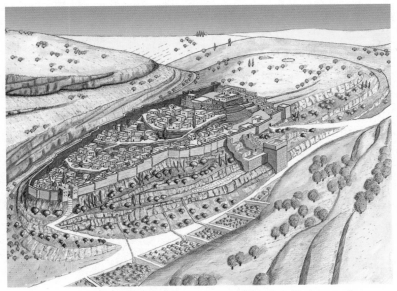

다윗성 예루살렘 모델 | Origin: Ritmeyer Archaeological Design; www.ritmeyer.com

통일 대한민국의 수도는 어디로?

수도 이전의 문제는 그렇게 간단한 것이 아니다. 지역간 이해관계가 첨예하게 대립될 수 있다. 사람들은 국가를 생각하기에 앞서 자신의 이해관계를 생각한다. 그러다 보니 어느 한쪽이 득을 보고, 다른 한쪽은 손해를 보기 쉽다.

이런 상태를 내버려두어서는 안 된다. 갈등이 오래 가면 나라가 흔들리고, 그토록 없어지길 바라는 지역주의 근성도 더욱 강화된다. 그런 차원에서 대한민국이 수도를 옮길 절호의 기회는 통일이 된 이후라고 생각된다.

물론 남이나 북에 치우치지 않은 중간 지역을 수도로 삼아야 할 것이다. 그래야 서로 간에 이동하기도 쉽고 소외감도 느끼지 않기 때문이다. 이런 취지라면 판문점 부근 비무장지대를 중심으로 남한의 경기도 진서면과 북한의 평화리 등을 포함한 영역을 고려해볼 수 있다. 그곳은 개성공단과도 가깝기 때문에, 통일한국의 수도로 자리매김하기에 그리 무리가 있어 보이지 않는다.

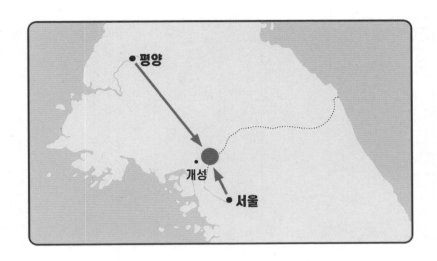

　　더불어 수도 이전 추진에 있어서 염두에 두어야 할 것이 있다. 그 방
향이 전국민 화합에 있어야 한다는 것이다. 이러한 균형 있는 판단이야
말로 국민들을 대등하고 평등하게 이끌어 갈 수 있다.

11

통일국가의 최우선 과업,
하나됨

사무엘하 6장

예루살렘을 정복하고 수도를 그곳으로 옮기자, 두로 왕 히람이 나에게 특별한 선물을 보냈다. 그는 사절단과 함께 백향목과 석수와 목수를 보내어 궁궐을 지어 주었다. 고마운 일이 아닐 수 없었다.

또한 나는 주님의 궤를 둘 한 장소를 마련했고 궤를 안치할 장소에 장막을 쳤다. 영적 수도가 되기 위해서는 언약궤가 없어서는 안되었다. 언약궤란 십계명 돌판이 들어 있는 법궤로, 성막에 보관되어 있었고 이스라엘의 광야생활 때 항상 그들 앞에서 행진하곤 했다.

이 언약궤는 여호수아와 백성들이 요단강을 건널 때나 여리고성을 함락시킬 때에도 늘 함께했다. 통일 이스라엘을 주님께 드리는 봉헌식을 할 때 역시 이 언약궤가 빠져서는 안 되었다.

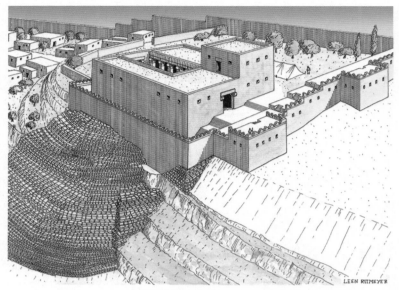

다윗 궁전 | Origin: Ritmeyer Archaeological Design; www.ritmeyer.com

원래 언약궤를 안치했던 모세의 장막은 이집트에서 요단강을 건너 길 갈에 위치했다가 사울에 의해 놉으로 옮겨졌고 다시 사울왕국의 수도였던 기브온에 머물게 되었다. 한편 언약궤는 70여 년 전 사사시대 때, 아벡지역에서 일어났던 블레셋과의 전투에 패하면서 빼앗긴 바 있었다.[22] 당시 패전 소식과 함께 두 아들의 전사소식을 들은 엘리 제사장은 그 자리에서 고꾸라져 사망했다. 엘리 제사장의 두 아들은 혈통적으로는 레위인이었으나 행실은 사악했고 주님을 알지 못했던 자들이었다. 그들은 언약궤를 승리의 수호신 따위로 생각했다. 한국의 상황으로 예를 든다면, 전쟁에서의 승리를 위해 몸에 부적을 붙여야 한다고 생각하는 것과 비슷하다. 이는 불신앙이며 우상숭배나 다름없는 것이었다. 이처럼 그들은 주님이 가장 싫어하는 일을 저지르고 말았고, 결국 전쟁에 패했다. 그리고 불래셋군은 언약궤를 전리품으로 가져갔으며 이후 계속 우환이 찾아오자 다시 이스라엘에 돌려주었다.

그후 우여곡절을 거쳐 언약궤는 어느 시골 농부의 집에 이르렀고 내가 태어나기 전 수십 여 년 동안 그곳에서 계속 보관되고 있었다(사무엘상 3-6장).

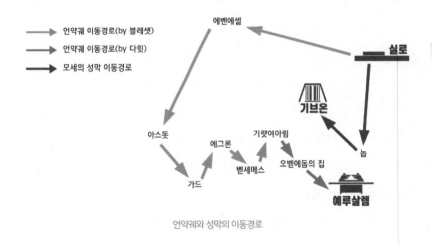

언약궤와 성막의 이동경로

한편 사울 왕도 형식적인 신앙인, 아니 종교인으로 전락해버렸고 사무엘로부터 결국 이런 이야기를 들어야 했다.

"주께서 어느 것을 더 좋아하시겠습니까? 주의 말씀에 순종하는 것이겠습니까? 아니면, 번제나 화목제를 드리는 것이겠습니까? 잘 들으십시오. 순종이 제사보다 낫고, 말씀을 따르는 것이 숫양의 기름보다 낫습니다. 거역하는 것은 점을 봐주는 죄와 같고, 고집을 부리는 것은 우상을 섬기는 죄와 같습니다. 임금님이 주의 말씀을 버리셨기 때문에, 주께서도 임금님을 버려 왕이 되지 못하게 하셨습니다."(사무엘상 15:22-23)

나는 엘리 제사장의 아들들이나 사울 왕에게서 나타난 불신앙의 맥이 이스라엘에 만연해 있음을 깨달았고 그것을 완전히 끊고 싶었다. 이에 이스라엘 백성들이 주님 앞에 바로 서는 것을 놓고 기도했다. 여호수아가 '나와 내 집은 오직 주를 섬기겠다'고 고백하였듯이, 갈렙이 전심을 다해 주님을 따랐듯이, 이스라엘 백성들은 주님의 백성으로 회복하길 진심으로 원했다. 종교적인 행위자가 아닌 온 맘을 다해 한결같이 주님을 사랑하는 백성이 되길 원했다. 이스라엘이 신앙으로 하나가 될 수 있도록 영적 수도 건설을 구상하며 기도를 드렸다. 즉 예루살렘에 언약궤를 안치하여 주님이 이스라엘 가운데 임재하시고 늘 함께하신다는 것을 경험하게 해주고 싶었다.

이 프로젝트의 핵심 과제는 시골농부 아비나답의 집에 있던 언약궤를 가지고 오는 것이었다. 이때 블레셋 사람들이 했던 것처럼 수레에 싣고 왔다. 모든 백성이 이 일에 찬성했으나 웬일인지 운반과정에서 사람이 죽어 나가는 불상사가 생겼다. 나는 답답한 마음에 스스로를 향해 하소연했다.

"이래서야 내가 어떻게 주의 궤를 내가 있는 곳으로 옮길 수 있겠는가?"

예기치 않은 사고가 일어난 상황에서 무작정 언약궤를 옮길 수는 없었다. 일단 운반작업을 잠시 멈추기로 했다. 우리는 언약궤를 한 이방인의 집에 보관하기로 했다.

우리는 다시 언약궤를 옮기기 위해 그 집을 주시했다. 놀랍게도 그 이방인의 집에 매일같이 경사스러운 일이 발생한다는 소식을 들었다. 감히 상상도 할 수 없었던 일이 아닌가? 이방인에게 주님의 복이 부어지다니!

난 그때 깨달았다. 모세시대로부터 지금까지 언약궤에 접근할 수 있는 사람은 흠이 없어야 했다. 그런데 이방인 농부에게 주님의 축복이 임했다는 것은 이제부터 누구나 언약궤에 가까이할 수 있음을 의미한다. 주님의 자비로 말미암아 누구라도 주님 앞에 올 수 있게 된 것이다. 놀라운 메시지가 아닐 수 없었다. 이 결론에 이르자 한 가지 찜찜했던 것이

실타래 풀리듯이 풀렸다. 이제 다시 언약궤를 옮겨도 된다는 확신도 들었다.

"언약궤를 옮겨도 된다는 주님의 사인이다!"

그렇다면 언약궤를 어떻게 운반해야 할까? 나는 우리 조상들의 상황을 떠올리고자 했다. 모세와 여호수아가 어떻게 언약궤를 옮겼는지 살펴보면서 답을 찾고자 한 것이다. 그 과정에서 놀라운 사실을 발견했다. 언약궤는 직전에 했던 것처럼 수레로 운반해서는 안 된다는 사실이었다. 제사 직무를 맡은 레위 지파들이 언약궤를 맨 채로 운반하는 것이 올바른 방법이었다(참조: 출애굽기 25:14).

이 사실을 깨달은 나는 D-day를 잡았다. 백성들도 기대 반, 걱정 반이었다. 모두가 손에 땀을 쥔 채 나와 언약궤를 주시했다. 나는 제사장들과 레위지파 몇 사람들을 불러 이렇게 말했다.

"여러분은 레위 가문의 족장들입니다. 여러분 자신과 여러분의 친족들을 성결하게 하고, 주 이스라엘의 주님의 궤를 내가 마련한 장소로 옮기십시오. 지난번에는 여러분이 메지 않았으므로, 주님께서 우리를 치셨습니다. 우리가 그분께 규례대로 하지 않아서 그렇게 된 것입니다."(역대상 15:12-13)

대망의 날이 밝아왔고 성공적으로 언약궤가 들어왔다. 아무런 사고도 없었다. 언약궤를 규례대로 예루살렘까지 들여오는 내내, 나는 너무나 기뻐 어찌할 바를 몰랐다. 아이처럼 펄쩍펄쩍 뛰었다. 얼마나 감격에 젖어 춤을 췄는지 아래 몸이 보일 정도가 되었다.

Origin: Sweet Publishing, cc-ba-sa 3.0

심지어 나는 아내 미갈에게서 이러한 소리까지 들었다.

"오늘 이스라엘의 임금님이, 건달패들이 맨 살을 드러내고 춤을 추듯이, 신하들의 아내가 보는 앞에서 몸을 드러내며 춤을 추셨으니, 임금님의 체통이 어떻게 되었겠습니까?"(사무엘하 6:20)

나는 그녀에게 대답했다. 나의 체면보다 중요한 것이 있음을 알려주기 위해서다.

"그렇소. 내가 주 앞에서 그렇게 춤을 추었소. 주께서는, 그대의 아버지와 그의 온 집안이 있는데도, 그들을 마다하시고, 나를 뽑으셔서, 주의 백성 이스라엘을 다스리도록, 통치자로 세워 주셨소. 그러니 나는 주를 찬양할 수밖에 없소. 나는 언제나 주 앞에서 기뻐하며 뛸 것이오. 내가 스스로를 보아도 천한 사람처럼 보이지만, 주님을 찬양하는 일 때문이라면, 이보다 더 낮아지고 싶소. 그래도 그대가 말한 그 여자들은 나를 더욱더 존경할 것이오."(사무엘하 6:21-22)

언약궤가 도착함으로써 우리는 이제 이스라엘 백성이 주님의 소유임을 고백하게 되었다. 날마다 주님의 자비를 생각하며 살아갈 수 있는 발판을 마련하게 된 것이다. 나는 장막을 만들어 언약궤를 그곳에 안치했고 이후 솔로몬이 성전을 짓기까지 40여 년 동안 '모세의 성막'과 '다윗의 장막'이 공존하는 시대가 열렸다.

'모세의 성막'에서는 전통대로 제사가 이루어진 반면, '다윗의 장막'에서는 감사를 고백하는 경배와 찬양이 드려졌다. 이는 '모세의 성막'에서 드려졌던 많은 절차와 완전히 달랐다.[23] 우선 짐승의 희생 제사, 대제사장에게만 허락됐던 지성소, 지성소를 구분하던 휘장 등이 사라졌다. 또한 이 장소는 24시간 365일 내내 누구에게나 열린 예배 공간이 되었고 주님의 깊은 임재를 경험하는 장소로서 기능하게 되었다. 오늘날 교회에서 드리는 예배의 원형이 만들어진 셈이다.

나는 예배는 축제가 되어야 한다고 생각했고 그러한 예배의 틀을 세워나갔다. 음식과 친교, 찬양, 기도, 악단의 연주, 성가대 등을 중심으로 하는 예배 말이다(참조: 역대상 16:3-7).

사울의 가족을 보살피다

나에겐 과업이 한가지 더 남아 있었다. 사울 왕 가족들에 대한 처우 문제였다. 나는 일단 그들을 찾기로 했다. 하루는 부하에게 물었다.

"사울의 집안에 살아남은 사람이 있느냐? 요나단을 보아서라도, 남아 있는 자손이 있으면, 잘 보살펴 주고 싶구나."(사무엘하 9:1)

수소문 끝에 사울의 집안에서 일하던 자를 데리고 올 수 있었다. 나는 그에게 물었다.

"사울의 집안에 남은 사람이 없느냐? 있으면 내가 주님의 은총을 그에게 베풀어 주고 싶다."

그러자 그는 요나단의 아들이 하나 남아 있다고 말했고, 그 아들이 블레셋과의 전쟁 중 도망가다가 높은 데서 떨어져 두 다리를 절게 되었다고 덧붙였다. 나는 그에게 물었다.

"그는 지금 어디에 있느냐?"

나는 당장 그를 데려오도록 했다. 요나단의 아들이라면, 내 아들이나 다름없지 않은가! 그가 내 앞에 도착했다. 아버지 요나단과 얼마나 쏙 빼닮았는지 눈물이 나오는 것을 간신히 참았다. 그를 보니 요나단이 더욱 보고 싶어졌다.

Origin: Sweet Publishing, cc-ba-sa 3.0

내 앞에 온 요나단의 아들, 므비보셋은 벌벌 떨고만 있었다. 갑작스러운 왕의 소환이 두렵게 느껴졌던 것 같다. 사울이라는 정적의 손자였기 때문에 혹시 처형당하지 않을까 걱정이 앞섰던 것이다. 물론 사울이 나를 못살게 군 것을 생각하면 그의 후손들을 단단히 벌을 줘도 시원치 않았겠지만, 나는 과거의 잘못과 섭섭함보다는 그들이 전장에서 처참하게 죽은 것이 더 안타까웠다. 무엇보다 그는 요나단의 아들이 아닌가! 나는 이내 그를 안심시키며 말했다.

"겁낼 것 없단다. 내가 너의 아버지 요나단을 생각해서 네게 은총을 베풀어 주고 싶구나. 너의 할아버지 사울 임금께서 가지고 계시던 토지를 너에게 모두 돌려주겠다. 그리고 너는 언제나 나의 식탁에서 함께 먹도록 하여라."(사무엘하 9:7)

그는 내 말에 매우 황송해하며 엎드려 말했다.

"이 종이 무엇이기에 죽은 개나 다름없는 저를 임금님께서 이렇게까지 돌보아 주십니까?"

이러한 나의 행동이 북쪽 사람들에게 알려졌고 그곳의 사람들 또한 동일하게 대우받을 것이라는 기대를 갖게 되었다. 이 일로 나는 보다 호의적인 민심을 얻게 된 것이다.

그렇게 나는 통일 후 행정수도를 옮김으로 지역화합을 도모했고, 언약궤를 옮김으로 가치관의 영적 통일을 이룰 기반을 마련했다. 또한 정적들에 대한 관대한 정책을 펼침으로써 인덕의 왕으로 불리게 되었다.

나의 가장 큰 소원, 성전건축을 준비하다

통일 이스라엘 국민들은 평화롭게 살게 되었고, 나 또한 왕궁에서 행복하게 지낼 수 있었다. 그러나 마음 한 켠의 불편함은 지울 수 없었다. 나는 편하게 왕궁에서 살고 있는데, 주님께 제사 지내는 성막은 텐트나 다름없었기 때문이었다. 나는 늘 주님께 미안한 마음을 갖곤 했다. 틈틈이 시간이 날 때마다 선지자 나단에게도 주님께 대한 나의 마음을 말하곤 했다. 어느 날, 나단이 찾아와 주님의 메시지를 전달해주었다.

"나 주가 말한다. 내가 살 집을 네가 지으려고 하느냐? 그러나 나는, 이스라엘 자손을 이집트에서 데리고 올라온 날로부터 오늘에 이르기까

지, 어떤 집에서도 살지 않고, 오직 장막이나 성막에 있으면서, 옮겨 다니며 지냈다. 내가 이스라엘 온 자손과 함께 옮겨 다닌 모든 곳에서, 내가 나의 백성 이스라엘을 돌보라고 명한 이스라엘 그 어느 지파에게라도, 나에게 백향목 집을 지어 주지 않은 것을 두고 말한 적이 있느냐?"

(사무엘하 7:5-7)

나단이 나에게 전해준 주님의 메시지를 듣고 서운함을 감출 수 없었다. 주님이 그리 원하시는 것도 아니었지만 설령 성전건축을 한다 하더라도 난 적합한 사람이 아니라는 것이다. 예루살렘을 수도로 정하고, 언약궤까지 성막에 보관 중이라, 성전만 지으면 완벽한데 왜 그걸 막으시는 것일까? 이것만 이루면 더 이상 소원이 없을 듯한데 말이다. 그러나 성전 건축에 대한 주님의 결론은 다음과 같았다.

"너는 많은 피를 흘려 가며 큰 전쟁을 치렀으니, 나의 이름을 위하여 성전을 건축할 수 없다. 너는 내 앞에서 많은 피를 땅에 흘렸기 때문이다. 보아라, 너에게 한 아들이 태어날 것인데, 그는 평안을 누리는 사람이 될 것이다. 내가 사방에 있는 그의 모든 적으로부터, 평안을 누리도록 해주겠다. 그러므로 그의 이름을 솔로몬이라 지어라. 그가 사는 날 동안, 내가 이스라엘에 평화와 안정을 줄 것이다. 그가 내 이름을 위하여 성전을 건축할 것이다. 그는 내 아들이 되고, 나는 그의 아버지가 되어, 이스라엘을 다스리는 그의 왕위가 영원히 흔들리지 않고 튼튼히 서게 해줄 것이다."(역대상 22:8-9)

그리고 나의 마음을 받으신 주님께서는 나에게 특별한 약속을 남기셨다.

"네 집과 네 나라가 내 앞에서 영원히 이어 갈 것이며, 네 왕위가 영원히 튼튼하게 서 있을 것이다."(사무엘하 7:16)

성전 건축은 할 수 없게 되었지만 그 약속에 감격하지 않을 수 없었다. 이후 나는 온 힘을 기울여 내 주님의 성전 건축을 할 수 있는 자금과 물질을 준비해 나갔다. 지금 내가 담당할 일은 성전 건축이 아니라 성전 건축을 예비하는 일이었다.

내 시대에 위대한 업적을 완성하여 후대들로부터 나의 치적으로 듣고 싶어하는 것은 인지상정이다. 그러나 이보다 중요한 시대별로 자기에게 맡겨진 사명을 감당하는 것이다. 대한민국을 보면 건국의 기초 확립, 경제 부흥, 민주화를 통한 선진국의 기반 형성, 빈부 격차 해소, 사회 안정, 첨단 과학 발전, 정의와 공의 사회 구현이라는 시대별 과제가 있음을 확인하게 된다. 그런 차원에서 진정한 리더라면 내 이름을 드러낸 무엇인가를 남기려고 하기보다, 다음 주자를 위한 디딤돌이 되기를 각오해야 하지 않을까?

12

대국굴기

사무엘하 8장, 10장

국민통합의 다음 단계는 무엇일까? 하나된 힘을 모아서 어디엔가 써야 하는데 과연 어디에 힘을 쏟을 것인가? 내가 선택한 것은 이스라엘 백성을 외세의 침입과 위협으로부터 보호하는 것이었다. 그 동안 우리 이스라엘 민족은 주변의 블레셋, 모압, 암몬 등 숱한 외세의 침략 속에서 불안한 생활을 해왔다. 따라서 나는 백성들이 이러한 불안함에서 벗어나 평안하게 살아갈 기반을 마련해 주어야 했다. 이에 모든 위협세력을 제거하는 사명을 안고 영토확장을 시작했다.

한편 내가 통일 이스라엘의 왕으로 추대받을 때, 가장 긴장을 했던 나라는 다름 아닌 블레셋이었다. 반쪽 왕으로 있을 때는 블레셋이 남이스라엘을 공격하지 않았다. 그런데 통일이 되면서 블레셋은 공격을 재개

해왔다.

도대체 왜 잠자코 있다가 이렇게 다시 덤벼드는 것이었을까? 블레셋 군대는 사울의 죽음을 가져온 전쟁에서 이긴 후 지속적으로 이스라엘에 영향력을 미치고자 했다. 이에 베들레헴에 주둔군을 두기까지 했다. 역대서의 저자가 기록한 것을 참고하길 바란다.

"그 때에 다윗은 산성 요새에 있었고, 블레셋 군대의 진은 베들레헴에 있었다."(역대상 11:16)

물론 내가 있던 남부지역은 블레셋이 간섭하지 않았다. 나는 이미 블레셋의 가드왕 아기스에게 망명한 적이 있는 데다가 그의 용병이 되어 경호대장까지 한 전력이 있으니 말이다. 따라서 블레셋이 북이스라엘을 침공했으면 침공했지, 남이스라엘을 침공하지는 않았다. 그러나 남북통일이 되면서 상황은 달라졌다.

통일이 되자 태세를 전환한 블레셋

남북이 통일되었다는 소식에 블레셋은 불쾌함을 드러냈다. 그동안 옛정을 생각해서 눈감아 주었던 내가 이제는 위협적 존재가 되어 버렸으니 말이다. 그래서 블레셋은 이스라엘의 통일이 완전하게 이루어지기 전에 힘을 써보려고 했다. 다시 양분시키는 것이 그들의 목표가 된 셈이다. 사무엘서에 그때의 상황이 이렇게 기록되어 있다.

"다윗이 기름부음을 받아 이스라엘의 왕이 되었다는 소식을 블레셋 사람이 듣고, 온 블레셋 사람이 다윗을 잡으려고 올라왔다. 다윗이 이 말을 듣고서, 요새로 내려갔다. 블레셋 사람들이 이미 몰려와서, 르바임 골짜기의 평원을 가득히 메우고 있었다."(사무엘하 5:17-18)

나는 주님께 물었다.

"제가 저 블레셋 사람들을 치러 올라가도 되겠습니까? 주께서 그들을 저의 손에 넘겨주시겠습니까?"

주께서 나에게 대답하셨다.

"올라가거라. 내가 그들을 너의 손에 넘겨주겠다."

전쟁의 결과는 더 이상 궁금하지 않았다. 나는 주님의 약속만을 믿었다. 역시나 홍수가 모든 것을 휩쓸어 버리듯, 주님은 나의 손으로 나의 원수들을 그렇게 휩쓸어 버리셨다.

나는 블레셋 사람들의 버리고 간 온갖 우상들을 불태워 버리라고 명령했다. 그런데 얼마 뒤, 블레셋 군대가 또다시 침략하는 게 아닌가. 나는 주님께 또 아뢰었고, 주님께서는 나에게 대답하셨다.

"너는 그들을 따라 올라가 정면에서 치지 말고, 그들의 뒤로 돌아가서 숨어 있다가, 뽕나무 숲의 맞은쪽에서부터 그들을 기습하여 공격하여라. 뽕나무 밭 위쪽에서 행군하는 소리가 나거든, 너는 곧 나가서 싸워라. 그러면 나 하나님이 너보다 먼저 가서, 블레셋 군대를 치겠다."(역대상 14:14-15)

이번에도 대승리였다. 전면전 대신에 지형지물을 이용한 은폐작전이 주효했다. 그들 몰래 숨어있다가 적기에 후면에서 기습공격으로 승리를 이루어낸 것이다. 언제나 전쟁에서는 상대방의 예상을 초월해야 한다.

이로써 이스라엘 군의 명성이 온 세상에 널리 퍼지게 되었고, 모든 나라들이 나를 매우 두려워하기 시작했다. 그들은 '다윗병법'에 주목했다. 이것은 훗날 동양권에서 대히트를 쳤던 손자병법과 비교가 되지 않을 정도로 탁월한 것이었다.

통일 이스라엘, 강대국으로 변모하다

한때 천하를 호령하던 블레셋은 더 이상 우리 이스라엘 군대의 적수가 되지 못했다. 그도 모자라 우리는 한때 나의 망명지였던 가드지역을 공격했고 그곳을 아예 이스라엘 영토로 편입시켰다.

"그 뒤에 다윗이 블레셋 사람을 쳐서, 그들을 굴복시켰다. 그래서 그는 블레셋 사람의 손에서 가드와 그 주변 마을을 빼앗았다."(역대상 18:1)

이스라엘의 군대가 이렇게 강한 전쟁능력을 가지고 있었던 이유가 있다. 첫째, 우리는 기동대를 가지고 있었다. 바로 아둘람 동굴에서 훈련받은 6백 명의 정예부대원들이었다. 둘째, 우리에게는 충성스러운 부하들이 많았다. 심지어 전쟁 중에 내가 갈증이 난다고 혼잣말을 하자 생명을 걸고 블레셋의 진영에까지 침투하여 우물물을 가져오는 군인들도 있었다. 셋째, 우리는 다윗병법이라는 책을 쓸 정도로 전략과 전술에 능했다.

여기에 블레셋이 맥을 못 추게 되었던 또 하나의 이유가 있다. 사울의 죽음을 불러온 블레셋과의 전쟁 당시, 사무엘 선지자는 이스라엘의 수준을 이렇게 기록했다.

"당시 이스라엘 땅에는 대장장이가 한 명도 없었다. 히브리 사람이 칼이나 창을 만드는 것을, 블레셋 사람들이 허용하지 않았기 때문이다. 이스라엘 사람들은 보습이나 곡괭이나 도끼나 낫을 벼릴 일이 있으면, 블레셋 사람에게로 가야만 했다. 보습이나 곡괭이를 벼리는 데는 삼분의 이 세겔이 들었고, 도끼나 낫을 가는 데는 삼분의 일 세겔이 들었다. 그래서 전쟁이 일어났을 때에, 사울과 요나단을 따라나선 모든 군인의 손에는 칼이나 창이 없었다. 오직 사울과 그의 아들 요나단의 손에만 그런 무기가 있었다."(사무엘상 13:19-22)

블레셋 민족은 철기문화를 꽃피우고 있었고, 우리 이스라엘 민족은 여전히 청동기문화에 머물러 있었다. 그들은 철기제품을 독점하고 있었으나 이스라엘 사람들은 칼이나 창을 만들지 못했으니 전쟁을 할 때마다 밀릴 수밖에 없었다. 그러나 어느 순간 이런 염려가 없어졌다.

왜일까? 나는 블레셋에 망명했을 때 그곳의 철기산업에 대해 눈 여겨 보았고, 철기 생산 기술을 전수받았다. 블레셋에 망명했을 때도 사울을 적대시하는 친블레셋파로 오해받을 수밖에 없는 상황이었지만 나는 그때에도 이스라엘의 미래를 염두에 두며 산업스파이 역할을 담당했다. 결국 그때의 활동으로 통일 이스라엘은 블레셋과 대등한 철기기술을 확보할 수 있게 되었다.

내가 왕이 되기 전까지만 해도 주변 여러 나라들 중에 가장 강한 나라는 블레셋이었다. 이스라엘 사람들도 늘 블레셋 때문에 백 년 이상을 긴장 가운데 살아야 했었다. 가장 강력한 위협 세력이 제거되었다는 것은 우리 이스라엘 민족에게 희소식이 아닐 수 없었다. 심지어 역사적으로 처음 맞이하는 상황이 아닌가! 이스라엘 백성들은 입에 침이 마르도록 나를 칭송했다.

어디 그뿐인가? 블레셋과의 전쟁에서 승리했다는 소식은 주변국들에게 삽시간에 퍼지게 되었고 각 나라들은 겁에 질려 했다. 반면에 이스라엘 군에게는 자신감을 심어 주었다. 사울 왕의 패배에 대한 자존심도 회복했고, 더 이상 블레셋의 위협과 공포 가운데 살지 않아도 되었다. 이때의 승리는 이스라엘에게는 오랜만에 맛보는 승전고였고 평화의 시작을 알리는 신호탄이었다.

다윗병법의 일부를 소개한다

나는 전쟁에서 패한 적이 없다. 많은 사람들이 백전백승의 비결에 대해 궁금해할 것으로 생각되어, 여기에 중요한 몇 가지를 적고자 한다.

첫째로 전쟁 전에 항상 기도하라. 링컨은 백악관을 기도실로 만들었다는데, 나는 밤이든 낮이든 때와 장소를 가리지 않고 기도하는 습관을 가졌다. 전쟁은 주님께 속한 것이기 때문에 무엇보다도 기도를 중시했다. 기도할 때 주님께 이렇게 고백하였던 기억이 있다.

"주님은 나의 반석, 나의 요새, 나를 건지시는 분, 나의 하나님은 나의 반석, 내가 피할 바위, 나의 방패, 나의 구원의 뿔, 나의 산성이십니다. 나의 찬양을 받으실 주님, 내가 주님께 부르짖었더니, 주님께서 나를 원

수들에게서 건져 주셨습니다."(시편 18:2-3)

둘째로는 전쟁에 임하는 자세를 확고히 하라. 이것이 승리를 가른다. 전쟁에서 가장 강력한 적은 외부에 있지 않다. 아군에 있지도 않다. 바로 내 안, 즉 내 마음에 있다. 두려움은 패배로 달려가는 발걸음이다. 임전 태세에 있어 내가 품었던 고백 하나를 소개한다.

"군대가 나를 대적하여 진 칠지라도 내 마음이 두렵지 아니하며 전쟁이 일어나 나를 치려 할지라도 나는 여전히 태연하리로다."(시편 27:3)

셋째, 상대방의 예상을 깨며 허를 찔러라. 이미 앞에서 소개했듯이, 골리앗과의 싸움에서 무릿매작전, 여부스성 함락을 위한 두더지작전, 블레셋과의 전쟁에서의 후면 기습공격작전 등을 시행했다. 나는 상대방에게 수가 읽히는 뻔한 전술은 철저히 배격했다. 아이젠하워의 노르망디 상륙전쟁이나 맥아더의 인천상륙전쟁 등도 모두 상대의 허를 찌르는 전술이었다. 상대방이 안심하고 있는 부위를 힘들더라도 공격해야 한다.

넷째, 공격할 때는 쓰나미처럼 밀어부치라. 전쟁에서는 승리 이외에는 대안이 없다고 하지 않았는가? 한니발 장군의 칸나이 전투에서 로마군만 무려 6만여 명이 죽었다고 하는데, 나는 전쟁에 나갈 때마다 적을 전멸시키다시피 했다. 아마 간담을 서늘케 한다는 소문도 주변 나라들에 꽤 퍼졌을 것이다. 이렇게까지 했던 이유는 국민의 안전을 위해서였다. 그들을 지키려면 반드시 군사적으로 강국이어야 했다. 평화는 입에서 나오는 것이 아니라 힘에서 나오기 때문이다. 오죽했으면 내가 주님을 위하여 성전을 짓고 싶다고 간청했을 때 적국의 피를 많이 흘리게 했다는 이유로 거절을 당했겠는가! 당시 주님이 나에게 하셨던 말씀은 이러했다.

"너는 많은 피를 흘려 가며 큰 전쟁을 치렀으니, 나의 이름을 위하여 성전을 건축할 수 없다. 너는 내 앞에서 많은 피를 땅에 흘렸기 때문이다."(역대상 22:8)

다섯째, 전쟁에서 이길 때 다시 덤빌 수 없도록 응징하라. 한번은 유프라테스강과 다마스커스 지역의 시리아군대가 연합군을 조직하여 싸움을 걸어왔다. 이때 기마병 1700명, 보병 2만 명을 포로로 잡았다. 전차를 끄는 말들은 십분의 일만 남기고 모두 다리의 힘줄을 끊어 버렸다. 이때 시리아군 2만2천명을 전사시켰다. 숫자에 차이를 보이지만 역대기를 기록한 저자는 이렇게 정리하고 있다.

"그 병거 일천 승과 기병 칠천과 보병 이만을 빼앗고 그 병거 일백 승의 말만 남기고 그 외의 병거의 말은 다 발의 힘줄을 끊었더니."(역대상 18:4)

여섯째, 적들의 연합을 저지하라. 암몬이라는 나라 왕에게 신세를 지었던 적이 있었다. 그 왕이 죽었다는 소식을 들려오자 얼른 조문단을 보냈다. 이때 그들은 우리 조문단을 정탐군으로 오해하여 선을 넘는 짓을 하고 말았다. 아들 왕에게 조문단이 당한 수모는 눈뜨고 볼 수 없을 정도였다. 수염을 우스꽝스럽게 잘라 버렸고, 엉덩이가 훤히 보이도록 옷을 잘라버리기도 했다. 꼴 좋다고 하며 낄낄거리고 배가 아프도록 웃어 대는 그들의 모습이 눈에 선했다. 조문단이 느꼈을 수치심을 생각하니 머리 위에서 김이 날 정도로 열이 올랐다.

"그래서 하눈(암몬의 새로운 왕)은 다윗의 신하들을 붙잡아서, 그들의 한쪽 수염을 깎고, 입은 옷 가운데를 도려내어, 양쪽 엉덩이가 드러나게 해서 돌려보냈다."(사무엘하 10:4)

나는 그들의 태도를 정면으로 나에게 대들겠다는 선전포고로 받아들였다. 그래서 나의 오른 팔 요압장군이 군대를 이끌고 암몬으로 갔다. 암몬은 끝까지 어리석었다. 이제라도 미안하다고 하면 됐을 것을, 오히려 시리아 용병 3만3천 명을 데려와 이스라엘군과 맞장을 떴다. 물론 아둘람 동굴에서부터 잔뼈가 굵었던 용맹한 요압의 군대를 당할 수가 없었다. 결국 그들은 뒤늦게야 백기를 들고 말았다.

문제는 이전에 패했던 시리아의 우두머리 하닷에셀 왕이 엉겨붙기 시작했다. 시리아인들로 구성된 대규모 연합군을 만들었다. 아마 지난 패배를 설욕하고 싶었나보다. 하도 가소롭고 괘심하여 요압에게 맡기기 보다는 이번에는 내가 직접 참전하여 지휘했다. 이번에 완전히 시리아군을 진멸해야겠다고 결심했다.

이 전투에서 시리아의 전차부대원 7백 명, 기마병 4만 명의 목숨이 날아갔다. 시리아 지휘관도 잡아 그 자리에서 목을 쳤다. 다시는 연합군을 결성하지 못하도록 본 떼를 보여주었다.

"하닷에셀의 부하인 모든 왕은, 자기들이 이스라엘에게 패한 것을 알고서, 이스라엘과 화해한 뒤에, 이스라엘을 섬겼다. 그 뒤로 시리아는, 이스라엘이 두려워서, 다시는 암몬 사람을 돕지 못하였다."(사무엘하 10:19)

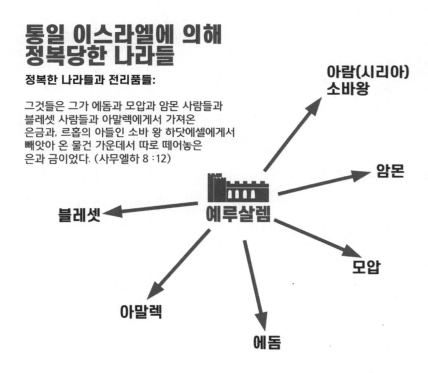

통일 이스라엘에 의해 정복당한 나라들

정복한 나라들과 전리품들:

그것들은 그가 에돔과 모압과 암몬 사람들과 블레셋 사람들과 아말렉에게서 가져온 은금과, 르홉의 아들인 소바 왕 하닷에셀에게서 빼앗아 온 물건 가운데서 따로 떼어놓은 은과 금이었다. (사무엘하 8 : 12)

아람(시리아) 소바왕

암몬

블레셋

예루살렘

모압

아말렉

에돔

밖으로는 강한 군사력, 안으로는 공평하고 의로운 정치

내 나이 37세에 통일 왕국이 세워진 이래로 왕국은 지속적인 발전을 이루어갔다. 49세가 될 때까지 통일 이스라엘은 황금기를 이루었으니 새로운 역사를 썼다고 해도 과언이 아니었다. 이 시기, 서쪽으로는 블레셋을, 동쪽으로는 모압과 암몬을, 북쪽으로는 시리아를, 남쪽으로는 에돔과 아말렉을 모두 정복했다. 결과적으로 영토는 사울 왕이 재임할 때보다 무려 10배나 커졌다. 그도 모자라 주변국가들을 모두 속국으로 만들어 조공을 바치게 할 정도였다.

주님께서 아브라함에게 주시겠다고 한 땅에 대한 약속이 있었다. 그 내용은 이랬다.

"바로 그 날, 주께서 아브람과 언약을 세우시고 말씀하셨다. '내가 이 땅을, 이집트 강에서 큰 강 유프라테스에 이르기까지를 너의 자손에게 준다. 이 땅은 겐 사람과 그니스 사람과 갓몬 사람과 헷 사람과 브리스 사람과 르바 사람과 아모리 사람과 가나안 사람과 기르가스 사람과 여부스 사람의 땅을 다 포함한다.'"(창세기 15:18-21)

주님은 이 약속을 아브라함의 후손인 나와 통일 이스라엘 국민들을 통해 이루셨다. 밑으로는 이집트 강에서부터 위로는 유프라테스강에 이르기까지 그 넓은 땅을 이스라엘에 주셨다. 주변에서 감히 건드리는 나라 또한 없었다.

지중해

유프라테스강

하맛

아람(시리아)

페니키아

시돈

두로

다마스커스

블레셋

예루살렘

암몬

모압

에돔

이집트강

■ 다윗시대 영토
— 사울시대의 국경

나는 '국민 한 사람의 생명이 곧 국가'라는 생각을 했다. 이스라엘의 국민 한 명의 생명이나 왕인 나의 생명이나 동일하게 소중했다. 따라서 대외적으로는 군사적 강국을 추구했지만 국내 정치에 있어서는 철저히 공평함과 의로움을 추구했다. 이것이 나의 국정철학이었다. 사무엘서는 이렇게 기록하고 있다.

"다윗이 왕이 되어서 이렇게 온 이스라엘을 다스릴 때에, 그는 언제나 자기의 백성 모두를 공평하고 의로운 법으로 다스렸다."(사무엘하 8:15)

잘못된 판단으로 억울한 사람이 생기지 않게 하려고 노력했다. 국민들의 생명과 안전을 위해 든든한 버팀목이 되는 것이 주님이 내게 주신 사명이라고 생각했다. 후에 사도행전의 저자 누가는 나에 대해 이렇게 썼다.

"다윗은 그의 세대에 '하나님의 목적'을 위해 섬겼다."(사도행전 13:36)
"David had served God's purpose in his own generation."(Acts 13:36)

그렇다. 나의 역할은 섬기는 것이다, 첫째는 주님을, 둘째는 나의 국민을! 나는 날 향한 '하나님의 목적'을 잊어버린 적이 없다. 빈칸을 포함하여 '일곱 글자' 밖에 안 되는 이 모토는 나의 가슴에 철도장으로 늘 박혀 있었다.

오! 주님, 우리 주님!
주의 이름이 온 땅에서 어찌 그리 위엄이 넘치는지요?
저 하늘 높이까지 주의 위엄 가득합니다.

어린이와 젖먹이들까지도
그 입술로 주의 위엄을 찬양합니다.
주께서는 원수와 복수하는 무리를 꺾으시고,
주께 맞서는 자들을 막아 낼 튼튼한 요새를 세우셨습니다.

주께서 손수 만드신 저 하늘과
주께서 친히 달아 놓으신 저 달과 별들을 봅니다.
사람이 무엇이기에 주께서 이렇게까지 생각하여 주시며,
사람의 아들이 무엇이기에
주께서 이렇게까지 돌보아 주십니까?

(시편 8:1-4, 다윗의 시에서)

PART 4
인생의
롤러코스터

KING
DAVID
RETURNS
THE LEADER WHO LEADS LEADERS

13
복이 독이 될 때

사무엘하 11장, 12장

40대를 마무리할 무렵, 지난 세월을 돌아볼 기회를 갖게 되었다. 막상 회고해 보니 지난 30년이 화살과도 같이 빨리 지나간 것 같았다. 20대 시절이 도피생활로 흘러가버렸다면 30대 시절은 왕위에 등극하고 남북통일을 이루느라 금세 지나가 버렸다. 그리고 40대 시절은 종횡무진으로 달리며 영토 확장사업을 하느라 더없이 빨리 지나가 버렸다.

이러한 노력의 결과로 어느덧 나라도 안정되었으며, 백성들도 행복하게 살게 되었다. 외세의 침략에 시달리지 않아도 될 정도로 입지를 다졌고 이제 이스라엘은 명실공히 세계 강국으로 변모했다. 무엇보다 행복해 하는 백성들을 내려다볼 때 감개무량했다. 바야흐로 평화의 시대가 찾아온 것이다.

물론 이 시기에도 전쟁이 아예 없었던 것은 아니다. 강한 국가가 된 만큼 성가시게 하는 일들이 생기기 마련이니까. 다만 더 이상은 내가 직접 전장에 나가 진두지휘하지 않아도 되었다.

　한번은 요압이 군대를 이끌고 암몬과의 전쟁터에 나갔다. 나는 그때 예루살렘에 머물러 있었고 여유로운 날들을 만끽할 수 있었다. 하루는 저녁시간 즈음 오랜만에 기분 전환을 하고 싶어 옥상에 올라갔다. 그날따라 공기도 참 맑았고 신선했다. 모든 것이 완벽한 하루 같았다.

　바로 그때 나는 한 여인의 목욕하는 장면을 보고야 말았다. 그 여인은 밧세바였고 그녀의 남편은 요압과 함께 전쟁터에 나가 있던 우리아였다. 그녀를 보자 심장이 쿵쾅거렸다.

결국 나는 하지 말아야 할 짓을 하고 말았다. 당시 나는 왕권을 가지고 있는 최고 권력자로서 원하는 것이라면 무엇이든 할 수 있는 위치에 있었다. 영이 늘 깨어 있어야 하는 지도자의 위치에 있었음에도 불구하고 몸과 마음을 육체의 본능에 맡겨버렸다.

우리아를 죽음으로 몰아붙이다

밧세바의 남편 우리아는 내게 특별한 존재였다. 요즘도 그런 부하를 찾는 것이 쉽지 않을 것이다. 우리아가 어느 정도 충성스러운 인물이었는가? 나와의 불륜 행각으로 말미암아 밧세바가 임신하게 되었다는 원하지 않은 소식을 듣자마자 나는 잔꾀를 부렸다. 나는 내가 저지른 일을 은닉해야 했다. 그래서 전장에 나가있는 우리아를 급히 예루살렘으로 돌아오게 했다. 전장에서 수고했다고 노고를 치하하고는 집으로 돌아가게 했다. 이렇게 말을 덧붙이면서.

"그동안 아내와 오래 떨어져 생활했는데 오늘 밤은 집에 가서 부부가 달콤한 시간을 보내길 바라네."

그런데 이 우직한 우리아는 손사래를 치며 나에게 다음과 같이 응수했다.

"동료들이 전쟁터에서 죽을 고생하고 있는데 어찌 양심 없이 나만 집에 들어갈 수 있겠습니까?"

　그는 집에 들어가기를 한사코 거부했다. 결국 나의 계획과 달리, 그는 요압 장군의 종들과 잠자리를 같이 했다. 내 계획이 틀어지자 참담했다. 우리아의 충성심이 나의 악의적인 욕구를 충족하는 데에는 전혀 도움이 되지 않았다.

　나는 어떻게 해서든 사실이 들통나지 않도록 두 번째 계략을 세웠다. 이번에는 우리아를 위해 술 파티를 열어주었다. 술에 취하면 밧세바와 잠자리를 같이 할 것이라는 판단에서다. 그러나 여전히 우리아는 역시 전우들을 생각하며 집에 가지 않고 나의 신하들과 함께 잠자리를 같이 했다. 그야말로 나는 3류 소설가로 전락하고 말았다.

　나는 특단의 조치를 취하기로 했다. 어딜 가도 찾기 힘든 신실하고 충성스러운 우리아를 암살하고자 한 것이다. 그래서 나는 요압에게 편지를 써서 전장에 돌아가는 우리아 편에 보냈다. 편지 내용은 이랬다.

　"너희는 우리아를, 전투가 가장 치열한 전선으로 앞세우고 나아갔다가, 너희만 그의 뒤로 물러나서, 그가 맞아서 죽게 하여라."(사무엘하 11:15)

　결국 우리아는 전사했다. 나는 그렇게 치졸하고 파렴치하게 그를 제거했다. 이제 밧세바를 완전히 내 품에 안을 수 있게 된 것이다. 그러나 세상일이 그리 간단하지가 않았다. 중간에서 그 일을 해준 사람이 바로 누군가? 나의 2인자 요압이다. 요압은 나의 숨은 목적을 간파했던 것 같다. 아마 속으로 "너도 별 수 없는 놈이구나!"라고 생각하지 않았을까? 그럼에도 불구하고 나는 욕심에 눈이 멀어버렸다. 죄책감이라고는 전혀 느끼지 않는 후안무치의 행악자로 변해 버렸다.

내가 쓴 시편에 등장하는 그 악인은 바로 나였다.

"악인의 마음 깊은 곳에는 죄의 속삭임만 있어,
그의 눈에는 하나님을 두려워하는 기색이 조금도 없습니다.
그의 눈빛은 지나치게 의기양양 하고,
제 잘못을 찾아서 버릴 생각은 전혀 없습니다.

그의 입에서 나오는 말이란 사기와 속임수뿐이니,
슬기를 짜내어서 좋은 일을 하기는 이미 틀렸습니다.

잠자리에 들어서도 남 속일 궁리나 하고,
스스로 좋지 않은 길에 버티고 서서,
한사코 악을 버리려고 하지 않습니다."

(시편 36:1-4)

주님을 업신여기다

어느 날, 선지자 나단이 찾아왔다. 그는 나에게 이런 이야기를 했다.

"어떤 성읍에 두 사람이 살았습니다. 한 사람은 부유하였고, 한 사람은 가난하였습니다. 그 부자에게는 양과 소가 아주 많았습니다. 그러나 그 가난한 사람에게는, 사다가 키우는 어린 암양 한 마리 밖에는, 아무것도 없었습니다. 그는 이 어린 양을 자기 집에서 길렀습니다. 그래서 그 어린 양은 그의 아이들과 함께 자라났습니다. 어린 양은 주인이 먹는 음식을 함께 먹고, 주인의 잔에 있는 것을 함께 마시고, 주인의 품에 안겨서 함께 잤습니다. 이렇게 그 양은 주인의 딸과 같았습니다. 그런데 그 부자에게 나그네 한 사람이 찾아왔습니다. 그 부자는 자기를 찾아온 손님을 대접하는데, 자기의 양 떼나 소 떼에서는 한 마리도 잡기가 아까웠습니다. 그래서 그는 그 가난한 사람의 어린 암양을 빼앗다가, 자기를 찾아온 사람에게 대접하였습니다."(사무엘하 12:1-4)

나는 나단의 이야기를 듣자마자 분개했다. 세상에 그런 나쁜 사람이 있나 싶어 나단에게 말했다.

"주께서 확실히 살아 계심을 두고서 맹세하지만, 그런 일을 한 사람은 죽어야 마땅하다. 또 그가 그런 일을 하면서도 불쌍히 여기는 마음이 전혀 없었으니, 그는 마땅히 그 어린 암양을 네 배로 갚아 주어야 한다."
(사무엘하 12:5-6)

내가 그 부자의 행동에 대해 분개하자 나단은 큰 소리로 호통을 치듯 나에게 말했다.

"임금님이 바로 그 사람입니다!"

나는 화들짝 놀라며 물었다.

"무슨 소리 하는 거요? 말도 안되는 얘기를 하고 있소? 나는 남의 양을 뺏은 적이 없소."

그러자 나단은 이어서 말했다.

"주님이 임금님에게 이렇게 말씀하십니다. '내가 너에게 기름을 부어서, 이스라엘의 왕으로 삼았고, 또 내가 사울의 손에서 너를 구하여 주었다. 나는 네 상전의 왕궁을 너에게 넘겨주고, 네 상전의 아내들도 네 품에 안겨주었고, 이스라엘 사람들과 유다 나라도 너에게 맡겼다. 그것으로도 부족하다면, 내가 네게 무엇이든지 더 주었을 것이다.

그런데도 너는, 어찌하여 나 주의 말을 업신여기고, 내가 악하게 여기는 일을 하였느냐? 너는 헷 사람 우리아를 전쟁터에서 죽이고 그의 아내를 빼앗아 네 아내로 삼았다. 너는 그를 암몬 사람의 칼에 맞아서 죽게 하였다. 너는 이렇게 나를 무시하여 헷 사람 우리아의 아내를 빼앗아다가 네 아내로 삼았으므로, 이제부터는 영영 네 집안에서 칼부림이 떠나지 않을 것이다.'"(사무엘하 12:7-10)

순간 뜨끔했다. 심장이 멎을 것 같은 주님의 경고에 나의 몸은 얼음장

같이 되어버렸다. 나단은 계속하여 엄하고 단호한 어조로 말을 이어갔다.

"주께서 또 이렇게 말씀하십니다. '내가 너의 집안에 재앙을 일으키고, 네가 보는 앞에서, 내가 너의 아내들도 빼앗아, 너와 가까운 사람에게 주어서, 그가 대낮에 너의 아내들을 욕보이게 하겠다. 너는 비록 몰래 그러한 일을 하였지만, 나는 대낮에 온 이스라엘이 바라보는 앞에서 이 일을 하겠다'"(사무엘하 12:11-12)

나의 모든 불의가 들통이 났고, 창피함으로 말미암아 나의 얼굴은 화끈거렸다. 나단의 그 매서운 눈초리에 나는 쥐구멍이라도 찾고 싶은 심

정이었다. 한참 동안 눈을 감고 내가 저지른 죄악을 떠올렸다. 무소부재의 지존자 되시는 주님을 나의 작은 손바닥으로 가리려고 했다니, 주님 앞에서 한없이 부끄럽고 죄송하고 괴로울 뿐이었다. 흐르는 눈물을 주체할 수 없었고 나의 악행을 회개하며 자백하기 시작했다. 피를 토하는 심정으로 주님께 기도했다.

"주님이여,
주의 인자를 따라 내게 은혜를 베푸시며,
주의 많은 긍휼을 따라 내 죄악을 지워 주소서.
나의 죄악을 말갛게 씻으시며,
나의 죄를 깨끗이 제하소서.
무릇 나는 내 죄과를 아오니,
내 죄가 항상 내 앞에 있나이다.

주님이여,
내 속에 정한 마음을 창조하시고,
내 안에 정직한 영을 새롭게 하소서.
나를 주 앞에서 쫓아내지 마시며,
주의 성령을 내게서 거두지 마소서.
주의 구원의 즐거움을 내게 회복시켜 주시고,
자원하는 심령을 주사 나를 붙드소서."

(시편 51편 일부)

나는 주님께 반역죄를 저지른 놈이었다. 그러나 나는 진심으로 주님께 회개했다. 주님께서 나로부터 얼굴을 돌리시는 날, 나는 살았으나 죽은 자와 다름없다는 것을 안다. 용서와 구원은 주님의 영역이기 때문이다. 얼마나 시간이 지났을까? 나를 지켜보았던 나단은 나에게 말했다.

"주께서 임금님의 죄를 용서해 주실 것입니다. 그러므로 임금님은 죽지는 않으실 것입니다. 그러나 임금님은 이번 일로, 주의 원수들에게 우리를 비방할 빌미를 주셨으므로, 밧세바와 임금님 사이에서 태어난 아들은 죽을 것입니다."(사무엘하 12:13-14)

나는 내 영을 새롭게 해주신 주님의 용서에 진심으로 감사했다. 그러나 앞으로 다가올 고난을 피할 수는 없음을 직감했다. 실제로 당시에 나단 선지자가 선포한 예언은 훗날 모두 이루어졌다. 모두 나의 악행으로 말미암은 것이었다. 주님의 말씀 가운데 나의 귓속에서 맴돌았던 말이 있다.

"어찌하여 나 주의 말을 업신여기고 내가 악하게 여기는 일을 하였느냐?"(사무엘하 12:9)

업신여긴다는 것을 히브리 원어적으로 '발로 짓밟다, 멸시하다, 경멸하다'란 뜻을 내포한다. 나는 주님의 마음을 구둣발로 휴지 조각을 짓이겨 버리듯 했던 것이다. 당신이 친구에게 인격적으로 짓밟혔다고 가정해

보라. 당신은 그 친구에 대해서 어떻게 생각하겠는가? 당장 원수가 되거나, 절교를 선언할 것이다. 다시는 얼굴도 보지 않겠다고 선언할 것이며 속에서 끓어오르는 분노를 삭이지 못할 것이다. 그런데 내가 바로 주님의 마음을 끓어오르게 한 것이다. 분노가 넘치게 한 것이다. 주님은 나에게 모독을 당하셨다. 나는 나의 심벌인 인테그리티를 스스로 산산조각낸 어리석은 자였다.

14

나의 아킬레스건,
자녀들

사무엘하 13장, 14장

추락한 나의 인테그리티는 많은 것을 송두리째 흔들어 놓았다. 가장 마음 아팠던 것은 집안 가풍이 허무하게 무너졌내렸다는 것이다. 내가 정직하고 모범 가장이었을 때는 자녀들에 대한 걱정거리가 하나도 없었다. 그러나 1년 동안의 불륜 행각은 자녀들에게 악영향을 끼쳤다. 아이들로 하여금 "아하, 아버진 왕이니까, '간음하지 말라, 이웃을 탐하지 말라, 살인하지 말라' 등의 율법을 안 지켜도 되는구나"라고 생각하게 만들었다. 왕자들 입장에서는 충분히 그러고도 남았다. 자신이 막강 파워를 발휘하는 자의 아들이니 자기 마음대로 행동해도 별 문제가 없을 것이라고 생각하기 시작한 것이다. 사무엘서에서도 이점을 분명하게 언급하고 있다.

"그 뒤에 이런 일이 있었다. 다윗의 아들 압살롬에게는 아직 결혼하지 않은 아름다운 누이가 있는데, 이름은 다말이었다. 그런데 다윗의 다른 아들 암논이 그녀를 사랑하였다."(사무엘하 13:1)

여기서 "그 뒤에"는 "다윗과 밧세바 사건 이후에"라는 뜻이다. 대표적인 사건이 암논 사건이었다. 자신의 정욕을 채우기 위해 호시탐탐 기회만 노리던 암논 왕자는 친구의 도움으로 다말 공주를 겁탈했다. 그야말로 이복 남매 간의 근친상간이 이루어진 것이다. 내 집안은 기본적 도덕이 무너진 집안이 되었다. 어찌 보면 나와 수법이 비슷하지 않은가! 아버지가 수단 방법 가리지 않고 불법을 자행하니 그 또한 물불 가리지 않고 범죄를 저질렀다.

나는 암논의 강간사건을 들었을 때 몹시 분개했다. 그러나 신속하게 후속 조치를 취하지 못했다. 자녀들을 불러 놓고 타이르든지, 꾸중을 하든지, 아니면 징계를 해야 하는데 아무것도 못한 채 무원칙적인 태도로 일관했다. 결국 사태가 악화되어 압살롬이 암논을 죽이는 상황까지 다다랐다. 자녀들의 비극적인 최후를 보니 너무나도 처참했다. 그와 비슷한 일을 저질렀던 나의 과거가 있기에 뭐라고 충고를 해줄 수 없었다.

죄를 지으면 즉시 회개해야 하는데 나는 그렇지 못했다. 물론 회개보다 중요한 것은 죄를 짓지 않도록 자기 몸을 쳐서 복종케 하는 것이다. 특히 사람들의 주목과 주시를 받는 위치에 있는 사람은 그만큼 죄를 지을 가능성에도 더 많이 노출된다. 게다가 지도자가 죄를 짓게 되면 가정은 물론 온 나라의 사람들에게 걸림돌이 된다.

형제 간의 비극, 압살롬이 암논을 죽이다

압살롬이 암논을 죽였을 때의 기억은 아직까지도 내 머릿속에 생생하게 남아있다. 아마 암논과 다말 사건이 있은 후 두 해가 지났을 때였던 것 같다. 어느 날, 압살롬이 나에게 찾아왔다. 나를 잔치에 초청하겠다는 것이었다. 나는 아들에게 짐이 되지 않기 위해 왕궁에 머물겠다고 했다. 그러자 압살롬은 나에게 이렇게 요청했다.

"그러면 맏형 암논이라도 우리와 함께 가도록 허락하여 주시기 바랍니다."

나는 순간 찜찜했다. 암논이 저질른 일이 있기 때문에 그의 신변안전이 걱정되었던 것이다. 나는 허락하지 않으려고 했으나, 압살롬의 집요한 요청으로 암논 뿐만 아니라 다른 왕자들도 모두 함께 가도록 했다.

역시나 내가 걱정하던 것이 현실화되었다. 압살롬의 누이 다말이 암논에게 화를 당한 이후, 압살롬은 틈틈이 기회를 노렸는데 바로 그날이 D-day였다. 이 사건과 관련, 사무엘서는 다음과 같이 기록하고 있다.

"압살롬은 이미 자기의 부하들에게 명령을 내렸다. '암논이 술을 마시고 기분이 좋아질 때를 잘 지켜보아라. 그러다가 내가 너희에게 암논을 쳐죽이라고 하면, 너희는 겁내지 말고 그를 죽여라. 내가 너희에게 직접 명령하는 것이니, 책임은 내가 진다. 다만, 너희는 용감하게, 주저하지 말고 해치워라!' 마침내 압살롬의 부하들은 압살롬의 명령을 따라서, 하라는 그대로 암논에게 하였다. 그러자 다른 왕자들은 저마다 자기 노새를 타고 달아났다.”(사무엘하 13:28-29)

Origin: Sweet Publishing, cc-ba-sa 3.0

압살롬은 자기 누이의 원수를 갚기 위해 왕자들을 초청했던 것이다. 그리고는 잔치가 무르익었을 때 즈음, 때를 노리다가 부하들을 시켜서 암논 왕자를 살해해 버렸다.

살인을 범하자 압살롬도 스스로 겁에 질렸던 모양이다. 아버지인 내가 두려웠는지 이스라엘 바깥 나라인 그술이라는 곳으로 피신했다. 이곳은 그의 외조부가 다스리는 나라인데, 그는 3년 동안 그곳에서 머물면서 세월을 보냈다. 나 또한 충격과 슬픔 가운데 세월을 보내야만 했다.

하지만 세월이 흐르면서 그 충격도 서서히 가라앉았다. 어느덧 원망스러웠던 압살롬이 보고 싶어지기 시작했다. 물론 그를 향한 그리움을 누구에게도 비치지 못했다. 속마음을 토로하지 못해서일까? 속으로만 그리움을 삭히다 보니 소위 말하는 속병이 드는 것만 같았다.

자녀 문제에 방임하다

내가 압살롬을 보고 싶어하는 것을 눈치챈 사람이 있었다. 역시나 눈치가 빠른 요압이었다. 나의 가려운 곳을 긁어주는 데는 타의 추종을 불허하는 요압이었다.

그는 우선 나의 마음을 확인하기 위해 한 여인을 배우로 고용했다. 요압은 그 여인으로 하여금 내 앞에서 나의 상황을 이입한 모노 드라마를 구현하게 했다. 마치 내 처지가 그 여인의 처지인 것처럼 연기하게 했다. 그녀의 스토리를 간단히 정리하면 이와 같았다.

"제게는 두 아들이 있었는데, 그들이 들에서 싸우다가 감정이 격해져서 큰 아들이 작은 아들을 죽였습니다. 그런데 온 집안이 들고 일어나서 살인자 큰 아들을 죽여버리겠다고 난리를 치고 있습니다. 저보고 어서 속히 그 아들을 내놓으라고 합니다. 저는 남편도 이미 죽었고 이 아들마저 죽어버리면 가문이 끊어지고 맙니다. 이 얼마나 가슴 아픈 일입니까?"

나는 그녀가 나의 상황을 대입한 역할극을 하고 있다는 사실을 눈치 챘다. 나는 분명히 요압의 아이디어일 것이라고 추측했고 그녀에게 이렇게 물었다.

"내가 묻는 말에 조금도 숨김없이 말해보시오. 누가 이 일을 시켰소? 내가 한번 맞춰보겠소. 요압이오?"

그녀는 깜짝 놀란 표정으로 대답하였다.

"솔직히 말씀드리겠습니다. 저에게 이런 일을 시킨 사람은 임금님의 신하 요압입니다. 그가 이 모든 말을 이 종의 입에 담아 주었습니다."

나는 요압이 나의 마음을 헤아리되, 자존심을 건드리지 않는 방식으로 도와주려 했다는 사실에 감사했다. 나는 요압을 불러 말했다.

"요압장군, 내가 그대의 뜻대로 하기로 결심하였으니, 가서 압살롬을 데려오시오."

요압의 수고로 말미암아 압살롬을 볼 수 있게 되었다. 그런데 막상 그립던 암살롬이 예루살렘에 도착했다는 소식을 들었을 때 죽은 암논이 그리워졌다. 내 마음은 아직 압살롬을 받아드릴 준비가 안되었던 것이다. 그가 암논을 죽였던 사실이 다시 떠오르며 밑에서부터 화가 치밀어 올랐다. 그리고 나는 반가움 대신에 뜻밖의 언행을 그에게 보였다.

"그를 예루살렘에 머물게 하는 것은 허락하겠소. 그냥 압살롬을 자기 집으로 돌려보내시오. 내 얼굴을 그에게 보여주고 싶지 않소."

나는 환영하기는커녕 왜 왔는지 모르겠다고 하면서 압살롬 얼굴도 보지 않겠다고 말해버렸다. 그리움이 분노로 교차하는 순간 감정 컨트롤에 실패했다. 대체 자존심이 뭐길래, 그 잠깐의 순간에 튀어나와 마음을 돌아서게 한 것일까!

어렵게 찾은 아들이 아닌가? 아버지인 내가 품었어야 하는데, 나는 그러지 못했다. 자식을 너무 야박하게 대하고 말았다. '그동안 얼마나 힘들었니?' 하며 등 한 번 정도는 토닥여줄 수도 있었는데 그러지 못한 내 자신이 한스러웠다. 결국 부자 사이의 간격은 더욱 벌어졌다. 그 간격을 좁히기 위해 마련했던 절호의 기회를 한 순간에 날려버리고 말았다.

할 수 없이 압살롬은 예루살렘 성 안의 자기 집으로 돌아갔다. 그곳에서 그는 유배 아닌 유배생활을 2년이나 더했다. 아버지를 곁에 두고도 한 번도 보지 못하는 상황에 놓였으니 버림받은 자식이 된 것이나 다름 없었다.

국가수반이라고 자식을 소홀히 여기면 안 된다

사람들은 버림받았다는 느낌을 받게 될 때 인생을 포기하고 싶어한다고 한다. 아무 생각 없이 막 살아버리거나 그 스트레스를 해소하기 위해 마약 등으로 인생을 허비하곤 하는 것이다. 나는 못하는 것이 없을 정도로 정말 능력 있는 사람이다. 자타가 공인할 정도다. 하지만 극도로 자신 없는 분야가 있으니, 바로 자녀양육이다.

미국의 대통령 자녀들을 한번 살펴보자. 더그 위드는 1988년 조지 부시 공화당 대통령 후보의 선거 참모로 대통령 당선에 기여한 사람인데, 미국의 역대 대통령 자녀들에 대한 '대통령의 자식들'이라는 책을 썼다.[24] 대통령 자녀 교육에 큰 교훈을 주는 책이니, 정치에 관심 있는 사람이 읽어보면 좋을 것 같다는 생각이 든다.

그의 책에는 첫 번째로 부자 대통령을 낸 애덤스 가문의 이야기가 등장한다. 미국 건국의 아버지인 존 애덤스의 장남은 외교관, 국무장관으로 활동하다 대통령이 됐지만 차남은 재산을 탕진하고 주정뱅이로 살았다. 아버지는 그에게 '방탕한 놈, 몹쓸 놈, 짐승'이라고 저주했고, 아들은 이에 질세라 아버지에게 '악마에 홀린 미친 노인'이라는 입에 담을 수 없는 말을 했다. 이 정도면 갈 데까지 간 집안이다. 존 애덤스의 두 아들이 극과 극을 달렸다는 것은 그의 일화에서도 분명하게 확인된다. 장남은 아버지와 여행을 다니는 등 함께 지냈지만, 차남은 7년 넘게 아버지 얼굴도 보지 못할 만큼 관심을 받지 못했다는 것이다. 마치 그 차남은 압살롬같이 방치된 인생을 살았던 게 아닐까 생각된다. 그러니 그에게 좋은 것을 기대하는 것은 무리일 수밖에 없다.

그 유명한 링컨 대통령도 나와 비슷하게 자녀를 사랑하는 방법에 대해서는 잘 몰랐던 것 같다.[24] 그의 자식 사랑 방식은 편애와 무관심이었다고 한다. 순간 내 이야기와 흡사하여 뜨끔하기도 했다. 그는 장남인 로버트 링컨에게는 겉으로 아주 딱딱하고 어색한 관계를 유지했다. 속마음은 어떠했는지 알 수 없지만 적어도 표면적으로는 대화가 단절된 무관심의 관계였던 것만은 분명하다.

한편 둘째의 경우에는 어린 나이에 병으로 세상을 떠났는데, 이때부터 링컨은 셋째에게 규율 없는 사랑을 퍼붓기 시작했다. 아버지 수염을 잡아당겨도 허허 웃을 정도였다. 그걸 보는 장남 로버트의 마음은 어떠했을까? 실제로 링컨이 암살되고 난 후. 장남 로버트는 이런 말을 남기기도 했다.

"나의 장래 계획의 대부분이 아버지의 인정을 받는 것이었는데, 이제 아버지가 가셨으니…. 모든 희망과 용기가 사라진 느낌입니다."

누구나 사랑은 갈구한다. 그 간절함이 크기에, 사랑에 희망이 보이지 않을 때 대부분은 극심한 좌절을 겪으며 인생을 포기하게 된다. 미국의 대통령 자녀들 중에도 아버지의 방임으로 인하여 스스로 목숨을 끊은 아들이 있고, 알코올 중독자로 인생을 마감한 아들이 있다. 설사 그렇게 폐인이 되지 않았다 할지라도 로버트 링컨과 같이 마음의 상처를 안고 사는 케이스가 있다.

분명히 기억해야 할 것은 국가 지도자라고 해서 자녀교육의 책임이 면제되지는 않는다는 사실이다. 자식농사에 실패한 나로서 이 사실은 내 마음을 더욱 쓰라리게 만드는 것 같다.

15
왕자의 난, 정보전쟁

사무엘하 14-19장

압살롬이 예루살렘에 돌아온 후 2년 정도 되었을 때였다. 나는 아들 압살롬이 너무나 보고 싶긴 했지만 자존심 때문에 그를 왕궁으로 오게 하지 않았다.

'울고 싶은데 뺨 때려준다'는 말이 있는데 꼭 요압을 두고 하는 말 같았다. 압살롬이 너무나 보고 싶은데 요압이 아들을 볼 수 있는 계기를 마련해주었다. 요압은 나에게 이렇게 말했다.

"제가 압살롬을 만났습니다. 그가 내게 이르기를 '여기에서 이렇게 살 바에야, 차라리 외조부가 계신 그술에 있는 것이 더욱 좋을 뻔 하였소. 아버지의 얼굴을 뵙고 싶소. 나에게 아직도 무슨 죄가 남아 있으면, 차라리 죽여 달라고 전해주시오'라고 말했습니다. 임금님께서 이제 화를 푸시고 그를 맞이하시는게 어떻겠습니까?"

요압의 말을 듣는 순간, 울컥하며 눈물이 나올려고 하는 것을 간신히 참았다. 사랑하는 아들을 5년 동안이나 못봤는데, 요압이 중개인 역할을 해주어서 정말 고마웠다. 나는 흥분되는 마음을 진정시키고 요압에게 말했다.

"내가 압살롬의 소원을 풀어주고 싶소. 어서 그를 왕궁으로 데려오시오."

드디어 압살롬이 내게 오는 날이 돌아왔다. 나는 여느날 보다 좀 더 일찍 일어나 그를 기다렸다. 뜰을 서성이기도 했고 대문으로 나가 왕궁으로 오는 길을 멀리 내다 보기도 했다. 그후 내가 집무실에서 기다리는 동안, 드디어 문지기 병사가 소식을 전했다.

"임금님, 압살롬 왕자님이 오고 계십니다."

감개무량의 순간이 드디어 찾아왔다. 나는 압살롬을 열렬하게 환영하였다. 그도 나에게 엎드려 예를 표하였는데, 나는 그를 일으켜 세워 포옹하며 입맞추었다. 부자 간의 상봉과 포옹은 실로 오래간만이었다.

나는 이 한번의 포옹으로 부자간의 앙금을 깨끗이 씻어버렸다고 생각했다. 적어도 나는 그랬다. 그러나 그것은 철저한 오산이었다. 나중에 알고 보니 압살롬은 다른 꿍꿍이가 있었다. 그는 나와의 관계를 회복하려고 하기는커녕 이때부터 모반을 꿈꾸기 시작했다. 그리고 모반을 실천에 옮길 준비를 차곡차곡 해 나갔다. 그에게 있어서 아버지와의 관계 회복보다 중요한 것은 왕자의 권위를 되찾는 것이었다.

압살롬의 쿠데타전략, 주변에서 중앙으로

압살롬은 그 이후 이스라엘의 민심을 완전히 자기에게 돌리는 데 주력하기 시작했다. 민심을 얻은 방법 또한 기발했다. 그 당시에는 왕이 직접 재판을 했는데 압살롬은 중간에서 가로채기를 했다. 성 입구에 서 있다가 소송하고 판결을 받기 위해 나를 찾아오는 사람이 있으면 얼른 낚아채 갔다. 그는 나를 깎아내리며 백성의 문제를 해결해 주었다. 백성들의 신뢰가 자신에게 향하게 한 것이다. 이런 사실을 전혀 모른 채, '요즈음 백성들이 날 찾는 횟수가 급격히 줄은 것을 보니 태평성대를 이루고 있나보다' 하고 순진하게 생각할 뿐이었다.

4년이 지난 어느날, 압살롬은 나를 찾아왔다. 그는 버젓이 내 앞에서 거짓말을 했다. 물론 그때는 그것이 거짓인 줄 몰랐다.

"아버님 제가 헤브론에 다녀오겠습니다."

"헤브론에는 갑자기 가려고 하는 이유라도 있느냐?

"예, 제가 아버지를 피해 그술 땅에 머물고 있을 때 서원한 것이 하나 있습니다."

"무슨 서원을 했는지 말해주겠니?"

"주님께서 저를 예루살렘에 다시 보내주시기만 하면, 제가 헤브론에 가서 주님께 예배를 드리겠다고 서원을 했습니다."

"예배를 드린다니 정말 듣던 중 반가운 소리구나. 그럼 잘 다녀오거라."

그때까지만 해도 나는 아무런 의심를 하지 않았기에 압살롬을 헤브론에 다녀오도록 허락했다. 더군다나 예배를 드린다는데 쌍수 들고 환영할 일이었다. 이기적 본심을 속이고 신앙의 명분으로 다가올 때 대부분의 사람들이 홀딱 넘어갈 때가 있다.

오늘날도 그런 일이 많이 발생한다고 들었다. 나는 압살롬의 거짓말에 완전히 속았다. 압살롬은 미리 짜 놓은 각본대로 헤브론에 도착하자마자 순차적으로 일을 진행했다. 일단 이스라엘 모든 지파들에게 첩자를 보내어 "압살롬이 헤브론에서 왕이 되었다!"라고 외치게 했다. 그는 나의 참모 아히도벨을 포섭하는 데에도 성공했다. 아히도벨이란 사람은 냉철한 판단력과 지략이 대단했으며 나의 정치 자문역할도 감당한 모사였다. 압살롬으로서는 가장 지혜 있는 사람을 오른 편에 두게 된 것이다.

Origin: Sweet Publishing, cc-ba-sa 3.0

압살롬의 세력은 점점 커졌고 그 여세를 몰아 내가 머무는 예루살렘 성으로 쳐들어오기 시작했다. 이 소식을 들은 나와 부하들은 압살롬 일당을 피해 예루살렘을 떠났다. 왕궁에는 후궁들 10명만 남아 있었을 뿐이다. 아히도벨은 압살롬에게 후궁들을 범할 것을 말했고, 압살롬은 다윗이 거닐었던 옥상 위에 장막을 치고는 온 이스라엘 사람들이 보는 앞에서 그녀들과 동침을 했다. 이 사건은 아버지를 죽이고 아버지의 부인을 취하는 바알 신의 이야기와 같은 맥락이다. 그는 이미 이방인들의 문란한 성윤리가 배어 있는 상태였기에 이런 일을 자행할 수 있었다. 무엇보다 그렇게 함으로 더 이상 이스라엘의 통치자는 아버지 다윗이 아니라 압살롬임을 만천하에 선포하고 싶어 했다.

한편으로 압살롬의 이러한 부도덕한 행위는 아버지인 나를 처참하게 욕보이는 것이기도 했다. 압살롬은 아무래도 권력이 우선이었던 것 같다. 권력 앞에 아무것도 보이지 않는 패륜아가 되어버린 것이다. 이러한 결과 역시 나단의 예언대로 내가 저지른 죄과였다. 내가 범죄한 밧세바 사건은 옥상에서부터 시작되었기 때문이다.

압살롬이 "왕자의 난"을 일으켰을 당시 내 나이는 61살이다. 한국에서는 이때 환갑 잔치를 연다고 한다. 그만큼 특별한 의미가 있는 나이인데 그때 나는 가장 비극적인 일을 경험해야 했다. 참으로 억장이 무너질 노릇이었다. 남도 아닌 아들에게 이런 반란을 당하는 것만큼 서글픈 일이 또 있을까…. 인생무상, 권력무상이란 말을 그 어떤 때보다 실감했던 것 같다.

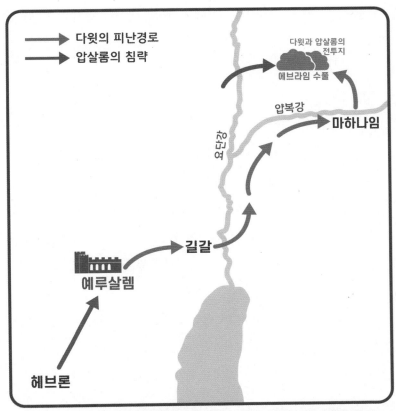

다윗의 피난경로
압살롬의 침략

다윗과 압살롬의
전투지
에브라임 수풀

얍복강

요단강

마하나임

길갈

예루살렘

헤브론

압살롬 공격에 따른 피난여정

왜 이 지경까지 이르렀을까? 압살롬에게 조금만 신경 썼어도 이렇게 되지는 않았을 텐데…. 그에게 관심을 주지 못한 게 가장 후회가 되었다. 비록 살인죄를 범했지만 그에게도 치유가 필요하지 않았을까? 그러나 아둘람 동굴 치유학교 원장이었던 과거의 화려한 경력이 무색할 정도로 나는 아들에게만큼은 분노와 침묵으로만 일관했다. 무엇보다 문제들을 사전에 차단할 만큼 충분한 시간이 있었음에도 예방하지 못한 채 방관하고만 있었다.

정보조직을 가동하다

나는 예루살렘을 탈출하여 요단강 쪽으로 도망했다. 한참 길을 가다가 예루살렘 성을 뒤돌아보니 너무나 비통했다. 나는 계속하여 맨발로 걸으면서 머리를 가리고 슬피 울었다. 한참 가고 있는데 저 멀리서 겉옷을 찢고 머리에 흙을 뒤집어쓴 채 슬퍼하며 달려오는 사람이 있었다. 나의 친구이자 참모인 후새였다. 그가 나에게 말했다.

"임금님, 이 무슨 날벼락이란 말입니까? 어떻게 주님이 기름부으신 임금님께 반역을 한단 말입니까? 억장이 무너질 정도로 괴롭습니다. 임금님, 저도 함께 가겠습니다. 곁에서 제가 지켜드리겠습니다."

말만 들어도 너무 고마웠다. 하지만 나는 그에게 다른 제안을 했다.

"여보게 후새, 그대의 충정에 너무나 고맙소. 내가 부탁을 하나 하겠소. 들어주겠소?"
"여부가 있겠습니까? 내가 어떤 말씀이라도 순종하겠습니다."
"고맙소. 나와 함께 피난길에 오르지 말고 그대는 이제 예루살렘 성으로 돌아가서, 압살롬을 만나거든, 그를 임금님으로 받들고, 이제부터는

새 임금의 종이 되겠다고 말하시오."

"아니, 그게 무슨 말씀이십니까?"

"위장 전향해 달란 말이오. 그것이 나를 돕는 길이고, 아히도벨의 계획을 실패로 돌아가게 하는 길이오. 그 곳에 가면, 제사장 사독과 아비아달이 그대와 합세할 것이오. 그러므로 그대가 왕궁에서 듣는 말은, 무엇이든지 그 두 사람에게 전하시오. 그들은 지금 자기들의 아들 둘을 그 곳에 데리고 있소. 그대들이 듣는 말은 무엇이든지, 두 아들을 시켜서 나에게 전하여 주시오."(사무엘하 15:35-36)

나는 후새에게 압살롬에게 전향하는 것처럼 가장해달라고 한 것이다. 한마디로 스파이가 되어 달라는 것이었다. 이것을 '모사드 작전'이라고 명명하고 싶다. 그렇게 후새와 사독, 그리고 아비아달이 한 팀으로 엮어졌고 압살롬에게서 일어나는 일이 나에게 샅샅이 전달되도록 정보전달 체계를 만들었다.

내 뜻대로 후새는 예루살렘에 들어가 압살롬을 만났다. 처음에 압살롬은 후새를 의심의 눈초리로 바라보았지만, 후새의 조리 있고 설득력 있는 말에 이내 넘어갔다고 한다.

스파이 후새가 전해준 소식에 의하면, 예루살렘 성을 점거한 압살롬이 쿠데타의 성공에 기뻐하고 있을 때, 아히도벨은 압살롬에게 이렇게 말했다고 한다.

"암살롬 임금님, 다윗은 지금 지쳐있을 것이 분명합니다. 그가 지쳐서 힘이 없을 때에, 내가 그를 덮쳐서 겁에 질리게 하면, 그를 따르는 모든 백성이 달아날 것입니다. 그 때에 내가 다윗만을 쳐서 죽이면 됩니다. 그렇게만 되면, 내가 온 백성을 다시 압살롬 임금님께로 돌아오게 할 수 있습니다. 아내가 남편에게 돌아오듯이, 백성이 그렇게 임금님께로 돌아올 것입니다. 임금님께서 노리시는 목숨도 오직 한 사람의 목숨 아니겠습니까? 나머지 백성은 안전할 것입니다. 제가 정예부대를 이끌고 당장 뒤쫓아 다윗을 기습공격하도록 허락해주십시오."(사무엘하 17:2-3)

이 말을 들은 압살롬은 아히도벨에게 이렇게 말했다고 한다.

"그대의 지혜는 정말 탁월하오. 후새의 의견도 한번 들어봅시다. 이스라엘의 최고의 모사 두 사람이 내 옆에 있다니 얼마나 든든한지 모른다오. 이보시오, 후새. 당신의 의견을 한번 말해주겠소? 두 사람의 의견을 듣고 내가 판단하겠소."

후새는 매우 조마조마했다고 한다. 왜냐하면 아히도벨은 나의 사정을 꿰뚫어보고 있었고 압살롬이 그의 전략을 채택한다면 끝장나는 것이었기 때문이다. 이에 후새는 아히도벨의 전략보다 더욱 완벽해 보이는 시나리오를 제안해야 했다. 그 상황에서 후새는 압살롬에게 이렇게 말했다고 한다.

"저는 아히도벨의 모략은 바람직하지 않다고 생각합니다. 그 까닭은 이렇습니다. 압살롬 임금님의 부친과 그 신하들은, 임금님께서 잘 아시는 바와 같이, 용사들인데다가, 지금은 새끼를 빼앗긴 들녘의 곰처럼, 무섭게 화가 나 있습니다. 더구나 임금님의 부친은 노련한 군인이어서, 밤에는 백성들과 함께 잠도 자지 않습니다. 틀림없이 그가 지금쯤은 벌써, 어떤 굴 속이나 다른 어떤 곳에 숨어 있을 것입니다. 우리의 군인 가운데서 몇 사람이라도, 처음부터 그에게 죽기라도 하면, 압살롬을 따르는 군인들이 지고 말았다는 소문이 삽시간에 퍼질 것입니다. 그러면 사자처럼 담력이 센 용사도 당장 낙담할 것입니다. 임금님의 부친도 용사요, 그의 부하들도 용감한 군인이라는 것은, 온 이스라엘이 다 알고 있기 때문입니다."(사무엘하 17:8-10)

후새가 아히도벨의 전략이 잘못되었음을 강변하자 암살롬은 고개를 끄덕이며 그에게 물었다.

"일리있는 말이오. 그럼, 후새 당신의 전략을 듣고 싶소. 어서 말해보시오. 지금 매우 중요한 순간이니 당신의 지혜를 총동원하시오."

후새는 압살롬에게 제안했다.

"압살롬 임금님, 저의 의견은 이렇습니다. 단에서부터 브엘세바에 이르기까지, 온 이스라엘을 임금님에게로 불러모아서, 바닷가의 모래알처럼 많은 군인을, 임금님께서 친히 거느리고 싸움터로 나가시는 것입니다. 그래서 우리는, 다윗이 있는 곳이면 어느 곳이든지 들이닥쳐서, 마치 온 땅에 내리는 이슬처럼, 그를 덮쳐 버리는 것입니다. 그러면 그는 물론 이려니와, 그와 함께 있는 모든 사람 가운데서, 한 사람도 살아 남지 못할 것입니다. 또 그가 어떤 성읍으로 물러 나면, 온 이스라엘이 굵은 밧줄을 가져다가, 그 성읍을 동여매어, 계곡 아래로 끌어내려서, 성이 서 있던 언덕에 돌멩이 하나도 찾아볼 수 없게 하시는 것입니다."(사무엘하 17:11-13)

'아히도벨의 기습전략이냐, 후새의 전면전이냐?' 이 두 가지 사이에서 갈등하던 압살롬은 최종적으로 후새의 모략을 채택했다고 한다. 결국 나는 시간을 벌 수 있었고 전열을 가다듬을 수 있는 여유 또한 얻게 되었다. 아히도벨은 자신의 계략이 받아들여지지 않자 패배할 것을 예감했고, 스스로 목숨을 끊었다고 한다.

후새는 자신의 의견이 채택되자마자 긴급하게 해당 내용을 나에게 알리고자 했다. 나에게 전해야 할 메시지는 다음과 같았다.

"오늘 밤을 광야의 나루터에서 묵지 말고, 빨리 강을 건너가야 함. 그렇지 않으면, 다윗 왕과 백성까지 전멸당할 것임."

그는 압살롬 곁에서 빠져나올 수 없으므로, 소식을 전할 정보요원들을 써야 했다. 1차 정보전달 요원들은 사독과 아비아달 제사장, 두 사람이었다. 이들에게 압살롬의 계획을 전달했고, 그들은 2차 정보요원인 한 여종에게 배턴을 넘겼다. 그녀 또한 3차 정보요원이 필요했는데 바로 사독의 아들과 아비아달의 아들, 두 청년이 그 역할을 감당했다.

여종이 3차 정보요원들에게 전달하는 것까지는 성공적으로 진행되었다. 이때 누군가가 3차 정보요원들의 행동을 수상히 여기고는 압살롬에게 신고했다. 이 두 사람은 자기들의 스파이 역할이 탄로날까봐 재빨리 옆마을로 이동하였고, 어떤 사람의 집으로 들어갔다. 그리고는 그 집 마당에 있는 우물 속으로 내려갔다.

다행히 그들은 그 집 여인의 도움으로 몸을 숨길 수 있었다. 그 여인은 덮을 것을 가져다가 우물 아귀에 펴 놓고, 그 위에 찧은 보리를 널어 놓았다. 그 누구도 눈치를 채지 못하게 한 것이다. 압살롬의 부하들이 그 집으로 들어와서 그 여인에게 물었을 때에도 그녀는 재치를 발휘하여 이렇게 말했다.

"그들은 방금 저 강을 건너갔어요."

부하들은 이 말을 듣고 뒤쫓아 갔으나 찾을 수 없었다. 결국 예루살렘으로 돌아갔다. 한편 안전이 확인되자, 여인은 우물 속에 숨어 있었던 두 사람을 우물 밖으로 올라오게 했고, 이들은 중요한 정보를 나에게 성공적으로 전해주었다. 그 두 사람은 아히도벨이 우리 일행을 해치려고 어떤 계획을 세웠는 지를 알렸고, 어서 일어나서 강을 건너가라고 재촉했다.

우리는 후새와 여러 정보요원들의 도움으로 말미암아 함께했던 백성과 함께 그곳을 떠날 수 있었다. 다행히 날이 샐 때까지 요단강을 건너지 못한 사람은 하나도 없었다.

나의 정보전달체계를 다시한번 정리하면 다음과 같다

'후새 → 사독과 아비아달 제사장 → 여종 → 두 청년 → 나'

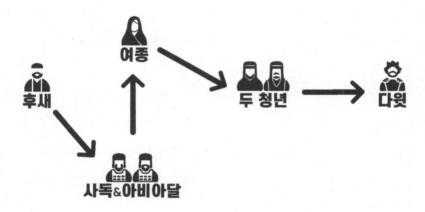

우리의 스파이 작전은 한치의 실수도 없었다. 압살롬이 공격할 것을
알게 된 나는 군대를 재정비해 만반의 준비를 할 수 있었다. 결국 승리는
우리에게 돌아왔다. 단, 압살롬은 이 전쟁에서 숨을 거두었다. 압살롬을
죽이지 말라고 신신당부했지만 요압은 아랑곳하지 않았다. 나는 압살롬
의 최후에 대해 이렇게 보고 받았다(참조: 사무엘하 18:14-17).

"압살롬이 노새를 타고 큰 상수리나무의 울창한 가지 밑으로 달려갈
때, 그의 머리채가 상수리나무에 휘감기는 바람에 공중에 매달리게 되었
습니다. 그리고 그가 타고 가던 노새는 빠져나갔습니다. 이 상황을 보고
받은 요압은 투창 세 자루를 손에 들고 가서 상수리나무의 한 가운데 산
채로 매달려 있는 압살롬의 심장을 꿰뚫었습니다. 요압의 무기를 들고

다니는 젊은이 열 명도 모두 둘러싼 채로 압살롬을 쳐서 죽였습니다. 그들은 압살롬을 들어 숲 속의 깊은 구덩이에 집어던졌고, 그 위에다가 아주 큰 돌무더기를 쌓았습니다."

압살롬의 사망소식을 들었을 때, 나는 마음이 찢어질 듯이 아팠다. 그는 반역자 이전에 내 아들이 아닌가! 용서할 수 없는 죄를 지은 압살롬이었지만 혈육의 정이란 끊을 수 없는 것이었다. 나는 성문 위 다락방으로 올라갔다. 아무도 보지 않는 가운데 목놓아 울고 또 울었다.

"내 아들 압살롬아, 내 아들아, 내 아들 압살롬아, 너 대신에 차라리 내가 죽을 것을, 압살롬아, 내 아들아, 내 아들아!"

정보는 국민을 평안하게 한다

이스라엘은 팔레스타인 지역에 국가를 세웠기 때문에 지정학적으로 불안감에 시달려야 했다. 사방이 적들인 탓에 안전이 곧 생명이라는 위기 의식 속에서 살아야 했던 것이다. 이에 1949년 이스라엘의 초대 총리에 의해 모사드가 창설되었고, 1951년에는 모사드가 총리 직속기관으로 구조조정되어 오늘날까지 이르고 있다.

현대사회에서도 이스라엘의 모사드는 각국 정보기관의 모델로 활용되고 있다. 압살롬과의 전쟁 또한 모사드 작전에 따른 것이기 때문에 모사드가 공식적으로 창설되었다는 소식을 들었을 때 감회가 남달랐던 것 같다. 특히 모사드의 가치가 인정받게 되는 것을 보면서 정보전이 매우 중요하다는 사실을 재확인할 수 있었다. 실제로 압살롬과의 전투에서 승리한 것은 정보전의 승리이기도 했다.

놀랍게도 모사드를 생각나게 만드는 성경구절이 있다.

"지략이 없으면 백성이 망하여도, 지략이 많으면 평안을 누리느니라."(잠언 11:14)

한편 역사적으로 볼 때, 모사드의 가장 대표적인 성과를 하나만 꼽으라면 개인적으로 '아돌프 아이히만 체포작전'을 꼽고 싶다.[25] 그는 히틀러의 유대인 말살정책이 시행될 당시 최전선에 있던 자였다. 그는 유럽 각지에서 500만 명의 유대인을 모아 강제수용소와 학살현장으로 보내는 최종책임자 역할을 맡았고 홀로코스트에 가장 극렬하게 관여한 자였다.

1945년 나치독일의 항복 이후, 그는 전범으로 수용소에 수감되었으나 퇴역군인으로 속여 전범재판을 피했고 수용소를 탈출했다. 그후로도 옛 친위대 동료들의 도움을 받아 아르헨티나로 잠적하는 데 성공했다. 그리고는 15년간 '리카르도 클레멘트'라는 가명으로 살아갔다.

모사드는 아이히만을 추적했지만 행방을 알지 못했다. 놀랍게도 그가 자연스럽게 잊힐 즈음에, 극적으로 정보를 입수하게 되었다. 독일의 유대인계 검찰총장 '바우어'로부터 아이히만의 행방을 듣게 된 것이다.

이 소식을 접한 이스라엘 모사드 국장 '이세르'는 다급히 부하 직원을 바우워에게 파견하여 자세히 알아오도록 했고, 드디어 아이히만의 아르헨티나 거주지 주소지를 알아내게 되었다. 주소지를 확보한 이세르는 속전속결로 일을 처리하고자 했다.

"즉시 탈모르를 아르헨티나에 보내게. 최대한 빨리 사실 여부를 알아올 수 있도록!"

모사드 요원이었던 탈모르는 지시에 따라 알려진 주소대로 찾아갔다. 그는 그곳에서 놀라움을 금할 수 없었다. 그가 도착한 곳은 빈민촌이었기 때문이다.

"아니, 이런 곳에 아이히만이 산다고? 그럴 리 없어. 아이히만은 피신할 때 분명 엄청난 자금을 가져갔을 거란 말이지. 그러니 주소가 틀린 게 분명해."

결국 탈모르는 '확보한 주소는 잘못된 정보'라고 상부에 보고하고 말았다. 이것은 큰 실수였다.

해당 보고를 받은 이세르는 독일의 바우워 검찰총장에게 주소지 정보를 얻게 된 경위에 대해 자세히 물었다. 알려진 상황은 이러했다. 아돌프 아이히만의 아들 '니콜라스 이이히만'에게는 실비아라는 여자친구가 있었는데, 그녀는 유대인 망명자 헤르만의 딸이었다. 헤르만은 부모가 모두 나치에 의해 학살당했고, 본인도 수용소에서 고초를 당하다가 시력을 잃어버렸다. 즉, 아이히만은 헤르만 가족에게 있어서도 철천지 원수였던 것이다. 드라마에나 나오는 일이 실제로 벌어진 것이다.

그런데 수다쟁이였던 니콜라스 아이히만이 실비아에게 '자기 아버지가 유대인 학살에 공헌한 사람'이었다는 기밀사항을 알리고 말았다. 이에 실비아는 이 사실을 아버지 헤르만에게 말하게 되었고, 그 순간 헤르만은 육감적으로 니콜라스의 아버지가 유대인들의 학살에 앞장섰던 아이히만일 것이라고 추측하기 시작했다. 특히 니콜라스는 실비아에게 자기 집에 초대하지도 않을 뿐만 아니라 집주소도 절대 알려주지 않았는데 이 부분 또한 의심을 사기에 충분했다. 이것을 계기로 헤르만은 아이히만의 거주지 주소를 알아낼 수 있었고 해당 주소를 독일 검찰총장 바우워에게 제공했다.

모사드는 이렇게 극적으로 얻어낸 찬스를 한순간에 놓쳐버리고야 만 것이다. 특히 모사드가 실수했던 결정적 이유는 아이히만이 '리카르도 클레멘트'라는 가명을 사용했기 때문이었다. 주소는 정확했지만 추적하는 이름과 달라 추적을 중지할 위기에 처했던 것이다.

결국 이 과정에서 바우워는 모사드의 무능함에 대노했고 이세르 국장은 새로운 요원인 '아하로니'를 아르헨티나에 급파했다. 그런데 아하로니가 다시 그 주소지를 찾아갔을 때는 이미 아이히만 가족이 이사를 가버린 후였다.

'한 발 늦었군. 뭔가 냄새를 맡았던 게 분명해. 그렇다고 여기서 포기

할 순 없지.'

아하로니는 벨보이인 아르헨티나 한 청년에게 도움을 구했다.

"이 주소로 가서 이 생일카드와 선물을 대신 좀 전해주실래요?"
"네. 알겠습니다."

그 청년은 선물을 전하는 척하면서 주변 사람들에게 아이히만이 어디로 이사 갔는지를 물어보았다. 다행스럽게도 그 청년은 어떤 사람으로부터 중요한 정보를 알아내었다. 아이히만의 둘째 아들이 일하는 곳의 정보를 알게 된 것이다. 그는 즉시 그곳을 찾아갔고 마침 둘째 아들을 만날 수 있었다.

"안녕하세요. 형님에게 드릴 선물이 있는데 어떻게 하면 좋을까요?"
"아, 네. 이 주소로 가보세요."

이렇게 극적으로 아이히만이 이사간 주소를 확보하게 되었다. 자식들 모두 입이 가벼웠던 것이 모사드에게는 행운이 아닐 수 없었다. 아하로니는 청년을 통해 확보한 새 주소지로 향했고, 미국에서 온 사업자로 가장한 채 아이히만의 맞은 편 집주인을 찾아갔다.

"안녕하세요. 개발투자자입니다. 이 주변을 개발할 계획이 있는데 집을 팔 생각이 없나요?"

아하로니는 개발투자자로 위장한 채 아이히만의 이사한 집과 주변을 몰래카메라로 찍었고 이어서 등기부등본 성격의 문서를 떼었다. 그리고는 아이히만의 새 집 소유자가 아이히만의 아내 이름으로 등기되어 있음을 확인했다. 특히 아르헨티나는 소유주명을 쓸 때 결혼 전과 후의 성을 모두 기록하는 것이 관습이었는데, 여기서 '아이히만'의 이름을 확인할 수 있었다. 그 순간 아하로니는 머리털이 쭈뼛 서는 듯한 기분을 경험했다. 호흡이 가빠오기까지 했다. 드디어 아이히만을 체포할 수 있게 된 긴박한 순간이었다.

이후 아하로니는 아이히만의 실물을 직접 볼 수 있었고, 이스라엘에서 가져온 사진들과 대조하며 동일인물임을 확신할 수 있었다. 그리고는 모사드 국장 이세르에게 이 상황을 보고했고, 이세르는 다시 이스라엘 총리 벤구리에게 동일한 보고를 올렸다. 당시 총리의 명은 이러했다.

"죽여서라도 데려오게."

나는 이 이야기를 '모사드'(마카엘 바르조하르, 니심 미샬 제)라는 책을 통해 접했다.[25] 보다 자세한 내용을 알고 싶다면 이 책을 읽어봐도 좋을 것 같다. 또한 이 이야기는 '오퍼레이션 피날레'라는 영화로 상영되었다고도 한다.

참고로 아이히만이 이스라엘에 잡혀온 이후 법정에 서게 된 과정은 한나 아렌트가 쓴 '예루살렘의 아이히만'이란 도서와 영화 '아이히만 쇼'를 통해서도 자세히 알 수 있다고 한다.[26-27] 나도 기회가 되면 이 책과 영화를 보고 싶다.

이 이야기에서 내가 가장 인상깊었던 것은 내가 살던 시대뿐만이 아니라, 요즘 시대 또한 정보 없이는 아무것도 할 수 없다는 것이다. 아니 정보의 중요성은 점점 증대되고 있는 것 같다. 특히 한반도 남북간의 정보전은 어떤가? 남한에는 대북 정보기관으로 국가정보원이 있고 북한에는 통일전선부, 대외연락부, 작전부, 35호실 등 아주 다양한 정보기관이 있다고 한다.

이런 기관이 세워질 정도로 고급 비밀정보를 빠르고 정확하게 입수하는 것은 중요한 문제다. 분명 이것은 상대방을 아는 가장 확실한 방법이자 그들의 생각을 읽을 수 있는 비결이다. 또한 궁극적으로 국민의 안전을 지킬 수 있는 핵심적인 방안이 된다.

참고로 남한의 경우, 과거에는 정보기관이 인권침해를 하거나 정치에 관여하는 등 폐단이 발생한 적도 있다고 한다. 혹은 이 기관이 권력유지나 정권 재창출에 이용되는 등 공작기관 내지 사찰기관으로 전락한 적도 있다고 한다. 앞으로는 이 기관이 이름에 걸맞게 국민의 안전을 지키는 순수 대외 정보기관으로서 기능을 발휘했으면 한다.

16
지역주의 망령

사무엘하 19-20장

왕자의 난이 끝난 후, 나는 예루살렘 왕궁으로 귀환할 준비를 했다. 동시에 왕의 복위를 추진해야 했다. 그런데 이때 의견이 둘로 나뉘었다. 당시 유다지파를 제외한 이스라엘 다른 지파들은 이런 이야기를 나누었다.

"다윗 왕은 우리를 원수들의 손아귀에서 구해 주었다. 블레셋 사람의 손아귀에서도 우리를 건져 주었다. 그러나 지금은 압살롬을 피해서 이 나라에서 떠나 있다. 우리가 기름을 부어서 왕으로 세운 압살롬은 싸움터에서 죽었다. 그러니 이제 우리가 다윗 왕을 다시 왕궁으로 모셔오는 일을 주저할 필요가 어디에 있는가?"(사무엘하 19:9-10)

그런데 유다지파 사람들은 확실한 입장을 표명하지 않고 있었다. 나는 그들의 의견을 묻고 싶었고 이에 메신저를 유다 지역 지도자들에게 보냈다. '왕을 다시 왕국으로 데려오는 일에 있어 왜 소극적인 태도를 보이는지'를 물어보기 위해서다. 그리고 나는 왕자의 난 때 압살롬 군대의 지휘관을 맡았던 아마사에게 요압을 대신하여 군대총사령관 자리를 주겠다고 약속했다. 압살롬에게 향했던 유다지역 사람들의 마음을 내게로 돌리려는 노력을 마다하지 않았던 것이다. 결국 나는 유다 사람들로부터 회답을 받았다.

"임금님께서는 부하들을 모두 거느리고, 어서 빨리 돌아오시기를 바랍니다."(사무엘하 19:14)

인사관리에 소홀하다

드디어 모든 지파의 찬성을 얻어 예루살렘으로 귀환할 수 있게 되었다. 돌아가는 도중에 요단강에 도착하니 맞은 편에 유다지파 사람들이 나를 환영하기 위해 기다리고 있었다. 문제는 다시 요단강을 건너오자, 이번에는 북쪽 이스라엘 지파 사람들이 불만을 털어 놓기 시작했다는 것이다.

"어찌하여 우리의 형제인 유다 사람들이 우리와 의논도 없이, 임금님을 몰래 빼돌려 임금님과 임금님의 가족과 다윗 왕의 모든 신하를 모시

고 건넜습니까?"(사무엘하 19:41)

이스라엘의 다른 지파 사람들은 유다지파에게 불만을 쏟아내기 시작했다. 그들이 먼저 예루살렘 귀환 제의를 꺼내었는데, 유다지파 사람들이 반칙을 행했다는 것이다. 그러자 유다지파 사람들이 이스라엘 지파 사람들에게 대답했다.

"우리가 임금님과 더 가깝기 때문이다. 너희가 이런 일로 그렇게 화를 낼 이유가 무엇이냐? 우리가 임금님께 조금이라도 얻어먹은 것이 있느냐? 임금님이 우리에게 조금이라도 주신 것이 있어서 그러는 줄 아느냐?"(사무엘하 19:42)

그러자 이스라엘 다른 지파 사람들은 유다지파 사람들에게 맞받아쳤다.

"우리는 임금님께 요구할 권리가 너희보다 열 갑절이나 더 있다. 그런데 어찌하여 너희는 우리를 무시하였느냐? 높으신 임금님을 우리가 다시 모셔와야 되겠다고 맨 먼저 말한 사람이, 바로 우리가 아니었느냐?"
(사무엘하 19:43)

사실 나를 왕으로 재추대하자고 먼저 말했던 사람들은 이스라엘 열 개 지파 사람들이었다. 단지 유다지파 사람들이 앞으로의 정치적 입지

약화를 걱정하여 낚아챈 것일 뿐이다.

참고로 측근정치라는 것이 있다. 많은 경우 측근들이 외부세력의 권력핵심 진입을 방해하면서 자신들 위주의 정치가 이루어지게 하려고 꾀를 쓴다. 나의 경우에도 현실감각을 잃어버린 채 측근들의 말만 듣다가 낭패를 본 경우가 있다. 이번에도 마찬가지였다. 어떤 식으로든 특정 대상의 입장에 휘둘리면 문제가 생기곤 하는데 본의 아니게 유다지파 외의 다른 지파들에게 오해를 살만한 행동을 했던 것 같다. 처음에 나는 열 두 지파 모두의 환영을 받고 싶었던 만큼 나의 복귀에 소극적인 유다지파 사람들에게 약간의 섭섭한 감정을 전한 것이었는데, 이것을 계기로 유다지파는 다른 지파들을 따돌린 채 나를 맞이하는 행동을 취해버렸다.

특히 이런 상황에서 다른 지파들이 환영하러 올 때까지 기다렸어야 하는데 나는 사려 깊지 못한 행동을 취했다. 유다지파의 에스코트를 받으며 성급히 왕궁으로 향한 것은 분명한 실수였다. 사람은 누구나 자신의 존재를 인정받기 원하고, 자신이 의사결정 과정에 포함되기를 바라는데 내 행동은 다른 지파들을 서운하게 만들기에 충분했다. 그렇게 나는 가족관계에서는 물론 백성들과의 관계에서도 현명하지 못한 행동을 계속 보였던 것 같다.

지역주의로 말미암아 반란이 일어나다

이 문제는 단순하게 마무리되지 않았다. 결국 유다지파의 우월주의와 그에 따른 차별의식 때문에 세바라는 사람이 들고 일어났다. 그는 불량

배였는데 아마 선동하는 능력은 대단했던 것 같다. 그의 구호는 아주 간단했다.

"우리가 다윗에게서 얻을 몫은 아무것도 없다. 우리가 이새의 아들에게서 물려받을 유산은 아무것도 없다. 그러니 이스라엘 사람들아, 모두들 자기의 집으로 돌아가자!"(사무엘하 20:1)

그는 이론적으로 사람들을 설득하는 것이 아니었다. 더 좋은 방안을 모색하는 것이 아니라 분리주의 방향으로 나가고자 했다. 결국 세바는 사람들의 감정을 건드려서 국민을 나로부터 돌아서게 했다. 세바의 선동정치에 매료된 북쪽 이스라엘 지파 사람들은 나를 버리고 모두 세바를 따르기 시작했다. 나는 아들 압살롬을 생포하라고 했음에도 불구하고 압살롬을 죽인 요압의 직위를 해제했고 대신 아마사를 군대총사령관에 임명하여 세바의 반란군을 진압하도록 명령했다.

"그대는 유다 사람을 사흘 안에 모아 나에게 데려오고, 그대도 함께 오시오."

아쉽게도 아마사는 능력이 부족했다. 내 명령이 제대로 실행되지 않자, 직위 해제된 요압 대신에 요압의 동생 아비새를 불러 명했다.

"이제 세바가 압살롬보다도 더 우리를 해롭게 할 것이오. 그러므로 장군은 나의 부하들을 데리고 그를 뒤쫓아 가시오. 혹시라도 그가 잘 요새화된 성읍들을 발견하여 그리로 피하면, 우리가 찾지 못할까 염려되오."

(사무엘하 20:6)

이때 아비새는 부하들과 함께 세바를 따라 예루살렘 밖으로 나갔고 요압은 명령을 받지 않았음에도 불구하고 대열에 합류했다. 그는 아마사 때문에 군대총사령관에서 물러나게 되었다고 생각했던 것 같다. 따라서 요압은 아마사에 대한 나쁜 감정을 가지고 있었고, 급기야 아마사를 칼로 찔러 죽였다. 그런 다음에, 요압은 자기 동생 아비새와 함께 세바를 뒤쫓아 갔다. 아마사의 군인들도 하는 수 없이 요압을 따랐다.

세바를 처형함으로 소요는 진정되었으며 요압은 왕이 있는 예루살렘으로 돌아왔다. 물론 요압은 군사적으로 매우 탁월한 사람이었다. 그러나 만년 2인자로서 나에게 토사구팽 당했다고 생각했는지, 나에 대한 충성심보다는 자기 자리를 보전하는 데 집중했다. 그리고 이를 위해서는 자기의 라이벌들을 가차없이 처단해 버리는 잔인함을 보이곤 했다. 이것 역시 내가 공평하지 못한 데 원인이 있지는 않았나 싶다.

어찌되었든 요압과 아비새의 공으로 지역주의에 편승하여 반란을 일으킨 세바와 그 무리들은 모두 전멸되었고 왕조는 다시 평화를 되찾았다. 이런 사태가 벌어진 것 자체가 불행한 일이 아닐 수 없었다.

지역주의, 진영논리는 국민을 분리시킨다

어느 국가이든 지역주의는 국민을 분리시킨다. 그렇다면 지역주의를 영원히 사라지게 할 수 없는 것일까? 지역주의의 특성은 한쪽이 자기 집단의 이익을 위해 뭉칠 경우 반대급부로 다른 한쪽도 대항 차원에서 뭉치게 된다는 것이다.

특히 지역주의는 완전히 사라지기가 어렵다. 조금만 틈이 있으면 다시 움트는 것이 지역주의다. 그런 까닭에 지역주의를 전멸시키는 것은 어렵다. 인간의 이기성이 사라지지 않는 한 불가능한 것이다. 그런 차원에서 무조건 지역주의를 없애려고 하기보다는 때마다 제초제를 주어 자라지 못하게 막는 것이 중요하다.

정당제도라는 것 자체도 일종의 지역주의에 근간하는 것이다. 이념의 지역주의라는 것만 다를 뿐, 세력그룹을 만드는 것은 동일한 원리이다.

또 다른 이념적 지역주의에 대해서도 생각해보자. 여기에는 항상 주류그룹이 있고, 비주류그룹이 있다. 주류그룹이 독주를 하다 보면 소외된 비주류그룹들은 조용히 세를 규합하기 시작한다. 그것은 피해의식을 느끼거나 불안의식을 느끼기 때문이다. 그런 차원에서 지도자가 공동체 전체를 감싸 안는 것은 중요한 문제다. 더불어 지도자는 공동체 인식을 어떻게 심어줄지에 대해 늘 고민해야 한다.

주님께서 국가의 지도자에게 요구하는 것이 하나 있다. 그것은 바로 좌우로 치우치지 말라는 것이다. 주님은 여호수아 장군에게도 이것을 당부하셨다.

"오직 너는 크게 용기를 내어, 나의 종 모세가 너에게 지시한 모든 율법을 다 지키고, 오른쪽으로나 왼쪽으로 치우치지 않도록 하여라. 그러면 네가 어디를 가든지 성공할 것이다."(여호수아 1:7)

즉, 인간의 편향성을 인지하고, 균형잃은 선택 대신에 주님의 안내를 잘 받으라는 뜻이다. 그 유명한 노르망디 상륙작전을 성공시킴으로 말미암아 2차세계대전을 종식시키는데 혁혁한 공헌을 했던 아이젠하워 장군은 미국의 34대 대통령으로 선출되었는데, 그는 극단적 진영논리에 대해 이러한 명언을 남겼다.[28]

"정치적 분쟁의 오른쪽과 왼쪽의 극단은 항상 잘못된 것입니다."

좌우 진영이 서로 심하게 싸울 때, 누가 중심을 잡아야 하겠는가? 국가수반이다. 그가 중심에 위치해 있어야 한다. 균형감은 어디서 나올까? 이때 우리는 아마 이런 질문이 필요할 것이다.

"주님이시라면 어떻게 하실까?"

물론 이걸 통해 답을 얻자고 하는 것은 아니다. 그러나 결정에 대한 겸손한 고민이 필요한 것이다.

막스 베버는 세계적으로 잘 알려진 사회학자다. 발음 때문에 칼 마르크스와 혼돈하는 사람들도 있는데, 두 사람은 정반대의 사람이다. 마르크스는 자본주의에 대한 부정적 견해와 이론을 세웠지만, 막스 베버는 청교도 정신에 근간한 자본주의가 윤리와 종교의 자유와 인권을 지키는 산물임을 설파했다. 그런 면에서 그의 책, '프로테스탄트 윤리와 자본주의 정신'은 꼭 읽어보아야 할 책인 것 같다. 그는 인생의 말년에 '직업으로서의 정치'라는 제목으로 강의를 하고 그 다음 해에 세상을 떠났다고 한다.

이 강연내용이 책으로 출간되었는데[29] 이 책은 정치가에게 필요한 자질에 대해 언급한다. 특히 그는 여기서 열정, 책임감, 균형감각에 더해 지도자의 윤리를 말하고 있다. 윤리는 신념윤리와 책임윤리로 나누어 설명되고 있는데 신념윤리가 자신의 믿음에 충실한 반면 결과는 크게 신경 쓰지 않는 것이다. 이에 반해 책임윤리는 인간이라면 자신의 행동이 빚어낸 결과에 대해서 책임을 질 수 있어야 함을 강조한다. 그는 이 두 가지 윤리가 균형을 맞추어야 한다는 것을 역설한다. 나는 그가 강조한 '균형'이 아직도 와 닿는다. 윤리는 물론 어떤 영역에서든 균형을 유지한다는 것은 지도자에게 중요한 과제인 것 같다.

17

나의 교만으로
국민이 신음하다

사무엘하 21, 24장, 역대상 21장

내 나이 67세 되었던 어느 날, 블레셋과의 전쟁이 일어났다. 나는 부하들과 함께 참전하였다. 젊은 친구들 못지 않게 열심히 싸웠다. 그러나 나이는 속일 수 없었는지 예전만 못했다. 힘에 부쳤고 너무 지쳐 움직임이 굼떴다. 이때 한 블레셋 군인이 나를 공격하려고 달려들었다. 나는 위기 가운데 놓였다. 달려오는 기세를 보니 힘이 대단했고 용감무쌍한 놈이었다. 그때 나는 힘이 빠진 상태인지라 당황스럽지 않을 수 없었다.

순간 뭔가 번쩍거렸고, 그 블레셋군은 쓰러졌다. 요압 장군의 동생 아비새가 곤경에 처한 나를 구해주었다. 정말 아찔한 순간이었다. 아비새가 나에게 한마디했다.

"생명이 위험합니다. 임금님에게 행여나 불상사라도 나면 어떻게 되겠습니까? 약속해주십시오. 다시는 전쟁터에 나오지 않겠다고."

나는 그의 진심어린 충고를 받아들이고 약속했다.

"알겠소. 내 더이상 전쟁터에서 여러분들의 짐이 되지 않겠소."

아비새는 나에게 다시 한번 충정 어린 말을 했다.

"임금님은 이스라엘의 등불이십니다. 우리는, 우리의 등불이 꺼지지 않도록 지키고자 합니다."(사무엘하 21:17)

전쟁은 대승이었고 우리는 주님께 감사하며 승전가를 불렀다.

"주님은 나의 반석, 나의 요새, 나를 건지시는 분, 내가 피할 바위, 나의 방패, 나의 구원의 뿔, 나의 산성, 나의 피난처, 나의 구원자되시네!"

들켜버린 나의 속마음

블레셋 전쟁에서 승리하고 몇 달이 흐른 뒤 어느 날, 내 마음에 이런 생각이 들기 시작했다.

"이제 기력이 예전만 못한 것 같은데, 다만 몇 년만이라도 더 젊어질 수 있다면 얼마나 좋을까?"

이런 것을 노욕이라고 하나? 늙어간다고 생각하니 자꾸 미련을 가장한 욕구가 생기는 것 같았다. 아직 마음은 젊은데 서서히 뒤 켠에 물러앉아야 한다고 생각하니 서럽기도 했다. 그때, 내 마음에 속삭이는 소리가 있었다.

"넌 아직 늙지 않았어. 충분히 젊어. 넌 뭐든지 할 수 있어. 너가 이룬 것을 뒤돌아 봐봐. 얼마나 대단해. 너는 국민들로부터 칭송받을 자격이 있어. 아니 받아야 해."

나는 이런 속삭임에 고개를 끄덕이고 있었다. 나는 내 안의 또 다른 나와 대화하고 있었다.

"그렇지! 난 정말 내가 생각해도 참 위대해. 우리 조상들 가운데 나만큼 공을 세운 사람 있으면 나와보라고 해, 모세 어르신만 빼고."
"짝짝짝! 이 박수 소리 들리지? 너는 제국의 황제나 다름없어. 한번 확인해보자. 너가 이룬 제국이 얼마나 위대한지. 어때?"
"좋아. 나도 한번 확인해보고 싶어."
"오케이. 당장 요압을 불러!"

이 생각에 머무르자 마자, 나는 군대사령관 요압을 불렀다.

"요압 장군, 한가지 내가 지시할 일이 있소."

"무슨 일이신가요?"

"내가 이스라엘을 지금까지 발전시키고 거대국가로 키웠는데 한번 확인해보고 싶소. 그래서 말인데…."

"???"

"이스라엘 남단에서 북단까지, 이스라엘의 모든 지파를 두루 다니며 인구를 조사하시오. 백성의 수를 나에게 알려 주시오."

"???"

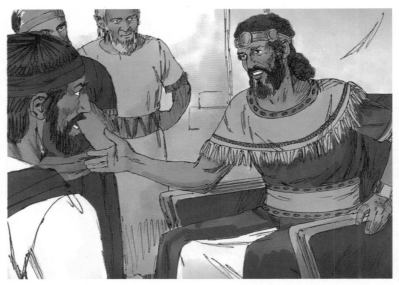

Origin: Sweet Publishing, cc-ba-sa 3.0

요압은 아무 말도 못한 채 난색을 표했다. 조금 황당해하기도 했다. 한숨을 길게 내뱉고 이렇게 말했다.

"주님이 이 백성을, 지금보다 백 배나 더 불어나게 해 주셔서, 높으신 임금님께서 친히 그것을 보게 되시기를 바랍니다. 그러나 높으신 임금님께서, 어찌하여 감히 이런 일을 하시고자 하십니까?"(사무엘하 24:3)

"크게 잘못된 일도 아니잖소. 뭘 그리 심각하게 생각하오. 아무튼 내 마음은 확고하오. 어서 명령대로 따르시오."

요압은 나의 지시가 올바르지 못함을 지적했지만 나의 완강함에 더 이상 아무 말도 하지 못한 채 물러갔다. 나도 내가 이렇게 고집이 세었나 싶어 적잖이 놀랐다. 하지만 확인하고 싶은 마음은 어찌할 수 없었다.

그렇게 요압은 하기 싫은 일을 억지로 했다. 건너 들려온 말에 의하면 요압은 나의 이 명령을 매우 혐오스러워했다고 한다.

요압은 충성스러울 때는 한없이 충성스러운데 자기 고집 하나는 정말 타의 추종을 불허했다. 내 명령을 어긴 적도 여러 번 있었다. 죽이지 말라고 한 아브넬, 아마사, 그리고 압살롬까지 가차없이 죽인 인물이었다. 나는 또 그에게 책 잡힌 것도 있다. 그는 밧세바의 남편을 전사하게 하라는 나의 요구를 들어주었던 인물이다. 나의 치부를 너무 많이 알고 있는 인물이었던 것이다. 그만큼 그는 나의 생각을 훤히 읽곤 했다. 아무리 툴툴거려도 등 두드려주며 함께 갈 수 있는 동지 아닌 동지가 된 셈이다.

요압이 나가 조사가 어떻게 되어 가는지 궁금해하던 차에, 조상 모세는 어떻게 인구조사를 했나 자세히 알고 싶어 모세오경인 토라 두루마리를 읽어 내려가기 시작했다. 내가 직접 인구조사를 행하다 보니 모세 어르신이 행한 두 번의 인구조사에 대한 기록을 더욱 자세히 연구했다. 그때 내가 간과한 몇 가지가 있음을 깨닫게 되었다.

첫째, 인구조사의 주체가 누구인가? 인간이 아니었다. 바로 하나님께 인구조사의 주권이 있었다. 모세는 필요에 의해 먼저 시작하지 않았다. 주님께서 인구조사를 명하셨다.

"이스라엘 자손이 이집트 땅에서 나온 지 이 년이 되던 해 둘째 달 초하루에, 주께서 시내 광야의 회막에서 모세에게 말씀하셨다. '너희는 이스라엘 자손의 온 회중을 각 가문별, 가족별로 인구를 조사하여라. 남자의 경우는 그 머리 수대로 하나하나 모두 올려 명단을 만들어라.'"(민수기 1:1-2)

"주께서 모세와 아론의 아들 제사장 엘르아살에게 말씀하셨다. '이스라엘 자손의 온 회중의 머리 수를 세어라. 스무 살부터 그 위로, 이스라엘에서 군대에 나갈 수 있는 이들을 모두 조상의 가문별로 세어라.'"(민수기 26:1-2)

둘째로, 누가 인구조사를 하는가? 군인이 아니었다. 각 지파별로 12명의 조사관을 뽑았다. 그런데 나는 어떠했는가? 군대총사령관 요압이 책임자가 되어 온 동네 사방팔방 다니며 고생하고 있었다. 참고로 이스라엘은 중앙집권화된 나라가 아니라 각 형제 부족들 간의 연맹국가였기 때문에 독재가 있을 수가 없었다. 그런데 나는 내 의견을 고수하며 요압을 홀로 파견한 것이었다.

셋째로, 인구조사의 목적이 무엇인가? 세금과 적의 공격으로부터 방어하기 위한 군사력을 가늠하기 위해서였다. 즉 성막 봉사와 이스라엘 백성을 보호하기 위한 것이었다. 그런데 나는 어떠한가? 여기서 나의 숨은 동기가 잘못되었음을 인지하기 시작했다. 나는 세상에 나의 성공과 업적을 외쳐보고 싶었다. '엠페러 다윗'이라는 말을 듣고 싶었다. 인구조사 자체가 악이 아니라 그 바닥 마음에 있는 모티브가 문제였다. 실제로 동기가 선과 악을 결정한다. 아무리 선을 가장해도 모티브가 악이었다면 주님 앞에서는 그냥 죄다. 나는 인구조사의 목적을 누구에게도 말하지 않았지만 나 스스로는 알고 있었다. 그것은 분명 주님 앞에서 죄였다.

요압은 이스라엘의 온 지역을 두루 다니며 조사했고, 9개월 20일만에 예루살렘에 돌아왔다. 나는 그를 맞이했고, 요압은 이렇게 보고했다.

"칼을 빼서 다룰 수 있는 용사가, 이스라엘에는 팔십만이 있고, 유다에는 오십만이 있습니다."

나는 요압의 보고를 받자마자 주님께서 나에게 이런 말씀을 하시는 것 같았다.

"너 참 잘났구나. 너 혼자 잘해봐라. 이제 네가 아예 신이 되려고 하는구나. 못된 놈 같으니라구."

그렇다. 나는 사탄의 꼬임에 넘어갔다. 마치 그가 아담과 하와를 넘어가게 했듯이, 나에게 다가와 달콤하게 속삭였다. 그리고 나는 하나님의 명령이 아닌 사탄의 명령에 순종하여 인구조사를 한 반역죄를 저지르고 말았다. 밧세바 사건 때는 '주님, 잠시 눈좀 감아주세요. 저의 달콤한 시간을 엔조이하고 싶어요.'라는 마음이었다면, 이번에는 아예 '아이 앰 섬씽 그레잇! 나는 칭송받아야 돼.'라는 마음이었다. 역대기 저자는 나의 마음을 꿰뚫어보았고, 이렇게 기록하였다.

"사탄이 이스라엘을 치려고 일어나서, 다윗을 부추겨, 이스라엘의 인구를 조사하게 하였다."(역대상 21:1)

아담과 하와가 죄를 짓고 나서 동산나무 사이에 숨었을 때, '아담아, 아담아! 네가 어디 있느냐?'라고 물으셨듯이 주님은 내 마음에 이렇게 물으셨다.

"다윗아, 다윗아! 네가 지금 어디에 있느냐?"

나는 가시나무 사이에서 그것이 가시인줄도 모르고 있었다. 그것이 나의 영광인줄 착각하며 그 속에 숨어있었다. 나는 가시나무 숲에 있는 나 자신을 발견했다. 나는 양심에 가책을 느꼈고, 주님께 제대로 고개도 들지 못한 채, 이렇게 고백했다.

"내가 이 일을 행함으로 큰 죄를 범하였나이다. 이제 간구하옵나니 종의 죄를 용서하여 주옵소서. 내가 심히 미련하게 행하였나이다."(사무엘하 24:10)

사람은 속일 수 있겠지만 어찌 주님을 속일 수 있겠는가? 그분은 어둠 속에 감추인 것들을 밝히 나타내시고, 마음의 속생각도 드러내시는 분이 아닌가! 내 안에 내가 너무 많았다. 황제라는 칭호, 우월감, 교만, 명예욕구, 인정욕구 등, 악한 모티브가 가득했다.

국민은 나의 소유물이 아니었다

다음날 아침에 일어났을 때에, 선지자 갓이 나에게 주의 말씀을 전해 주었다. 주님이 나를 징계하시기로 했다는 것이다.

"임금님의 나라에 일곱 해 동안 흉년이 들게 하는 것이 좋겠습니까? 아니면, 임금님께서 왕의 목숨을 노리고 쫓아다니는 원수들을 피하여 석 달 동안 도망을 다니시는 것이 좋겠습니까? 아니면, 임금님의 나라에 사흘 동안 전염병이 퍼지는 것이 좋겠습니까? 이제 임금님께서는, 저를 임금님께 보내신 분에게, 제가 무엇이라고 보고하면 좋을지, 잘 생각하여

보시고, 결정하여 주시기 바랍니다."(사무엘하 24:13)

죄는 용서하시지만 책임은 분명히 하겠다는 주님이셨다. 자연을 통한 징계, 사람들을 통한 징계, 전염병을 통한 징계, 이 세 가지 중에 어떤 매를 맞을 것인지 나보고 선택하라는 주님의 말씀을 듣자 갈등이 되었다. 첫번째 벌은 너무 지칠 것 같고, 사람들에게 쫓겨다니는 것도 경험상 너무 힘들었다. 결국 나는 이렇게 대답했다.

"괴롭기가 그지없습니다. 그래도 주님은 자비가 많으신 분이니, 차라리 우리가 주님의 손에 벌을 받겠습니다. 사람의 손에 벌을 받고 싶지는 않습니다."(사무엘하 24:14)

즉 주님께서만이 해결하실 수 있는 3일 간의 전염병 징계를 받겠다고 했다. 7년보다는 3달이 낫고, 3달보다는 3일의 징계가 웬지 쉽게 느껴지기도 했다. 또한 사흘이니까 견딜 수 있을 것 같았다. 그리하여 그날 아침부터 정하여진 때까지 주님은 이스라엘에 전염병을 내리셨다. 단에서부터 브엘세바에 이르기까지, 백성 가운데서 죽은 사람이 칠만 명이나 되었다.

나는 창자가 끊어지는 고통을 느꼈다. 3일 밖에 안되니까 견딜 수 있겠지 했지만 7만 명이 죽어 나갔다. 이곳 저곳에서 곡소리가 나는데 괴로워서 정말 잠을 이룰 수가 없었다. 나는 백성들이 죽어가는 모습을 보느니 차라리 내가 죽는 것이 낫겠다 싶어 이렇게 기도하기 시작했다.

"바로 내가 죄를 지은 사람입니다.

바로 내가 이런 악을 저지른 사람입니다.

백성은 양 떼일 뿐입니다.

그들에게는 아무런 잘못도 없습니다.

나와 내 아버지의 집안을 쳐 주십시오."

(사무엘하 24:17)

나의 악한 동기로 말미암아 백성들이 고통 당하는 것을 두 눈 뜨고 본다는 것은 너무나 처참했다. 나는 백성들에 대한 소유권을 내 앞으로 돌려 놓으려고 했다. 일찍이 우리 이스라엘 백성들은 왕이 없이 주님이 직접 다스리는 민족이었다. 그러나 다른 나라들과 같이 왕을 달라고 떼를 써서 결국은 주님께서 허락하셨다. 이후 사무엘 선지자는 주님의 뜻을 좇아 사울을 왕으로 기름 부으며 이렇게 말했다.

"주께서 그대에게 기름을 부으시어, 주의 소유이신 이 백성을 다스릴 영도자로 세우셨습니다."(사무엘상 10:1)

그렇다. 백성은 내 소유가 아니며 주님의 소유다. 나는 잠시 위임을 받아 목자 역할을 하는 것일 뿐이다. 그런데 세월이 흐르면서 나는 나도 모르는 사이에 독재자의 길을 가고 있었다. 명령에 의해서 움직이는 조직은 더 이상 살아있는 조직이 아닌데 나는 어느덧 권위적인 사람으로 바뀌어 있었다. 사람들을 중시하던 내가 고집불통이 돼 버린 것이다. 결국 그릇된 리더십을 발휘했고 주님의 징계를 받게 되었다. 그렇지 않았다면 나는 아마 독재자가 되었을 것이라 생각하니 아찔했다. 목자와 독재자, 종이 한 장 차이였다. 마음만 돌아서면 순간에 바뀔 수 있다는 것을 알았다. 다행히 주님의 사랑하심으로 징계를 받았고 내 위치를 찾을 수 있었다.

독재적 정책 결정, 피해는 고스란히 국민에게

영국 격언 중에 "임금이 길을 잃고 헤매면 백성들이 그 대가를 치른다"는 말이 있다. 한 나라의 지도자는 전국민의 운명을 좌우한다는 의미다. 그만큼 지도자의 역할은 중요하다. 이것은 나의 경험이기도 하다. 나의 독재적 결정으로 7만 명이 전염병으로 죽었다. 그때 분명히 깨달았다. 지도자는 정책 결정을 할 때마다 겸손하고 두렵고 떨리는 마음을 겸비해야 한다는 것을!

중국의 독재자 마오쩌둥을 예로 들어 보자.[30] 그가 추진했던 정책 중에 '대약진운동'이라는 것이 있다. 농업생산량을 100% 상승시키고 15년 이내에 영국의 강철 생산량을 추월하겠다는 것을 목표로 하는 운동이었다. 그러나 공산주의식 농업정책은 농민들의 태업과 반항으로 이어졌고 생산량은 전년도에 비해 반 토막이 났다. 제철산업을 위해 밥짓는 가마솥에서부터 시작하여 숟가락, 젓가락, 도끼, 삽, 괭이까지 모두 몰수해 재래식 방법으로 수만 개의 제철소를 만들었지만, 생산한 철은 산성이 많아 대부분 쓸모 없는 것이 되고 말았다.

게다가 농촌은 멸망을 향해 고속행진을 했고, 농사 지을 농기구조차 사라져 철기시대는커녕 석기시대로 회귀하는 꼴을 맞이하고야 말았다. 또 하나의 대약진운동으로 '제사해' 즉, 네 가지 해로운 것들, 참새, 쥐, 파리, 모기를 박멸하자는 운동을 전개하기도 했다. 전 국민이 들로 산으로 나가 참새 잡는 데 혈안이 되었고, 결국 하나님의 창조해 놓으신 자연 생태계가 무너짐으로 오히려 해충들이 더 번성하는 결과를 가져와 이 운동 역시 실패로 끝났다. 한 사람의 독재적 결정이 끼치는 해악이 이렇게 심각하다. 1959년부터 1961년까지 3년 동안의 흉작이 이어졌고 무려 4천5백만 명이 굶어 죽는 사건이 발생했다. 당시 6억의 인구 중 약 7%가 굶어 죽은 셈이다. 나는 지도자들에게 잠언을 깊이 묵상하라고 말하고 싶다.

"악을 떠나는 것은 정직한 사람이 가는 큰길이니, 그 길을 지키는 사람은 자기의 생명을 지킨다. 교만에는 멸망이 따르고, 거만에는 파멸이 따른다. 겸손한 사람과 어울려 마음을 낮추는 것이, 거만한 사람과 어울려 전리품을 나누는 것보다 낫다."(잠언 16:17-19)

하나님께서 가장 싫어하는 정치 지도자를 꼽으라면 아마 '독재자'가 아닐까 싶다. 히틀러, 무솔리니, 폴포트, 이디 아민, 무바라크, 카다피 등등 정말 많은 독재자들이 있다. 그들의 최후는 한결같이 비참했다. 국민들이 겪은 고통은 또 어떤가? 북한은 소수 엘리트 당간부들을 제외하고 대부분은 노예로 살고 있다고 해도 과언이 아니다.[31] 그들은 모두 하나님을 두려워하지 않는다. 그들의 사상에는 하나님이 자리할 공간이 없

다. 인간은 전혀 모르겠지만, 그들은 주님의 때에 주님의 방법대로 징계
받을 것이다.

"악한 사람이 가난한 사람을 멸시하고 핍박합니다.
악한 사람은 자기가 쳐 놓은 올가미에 자기가 걸려 들게 해주십시오.

악한 자는 자기 욕망을 자랑하고,
탐욕을 부리는 자는 주님을 모독하고 멸시합니다.

악인은 그 얼굴도 뻔뻔스럽게 이렇게 말합니다.
'벌주는 이가 어디에 있느냐? 하나님이 어디에 있느냐?'
그들의 생각이란 모두 이러합니다."

(시편 10:2-4)

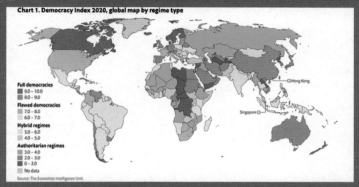

각국의 민주주의 지수 2021, 출처 : 이코노미스트 인텔리전스 유닛(EIU)

대한민국이 세계에서 얼마나 좋은 나라에 속할까? 이것을 평가하는 데 필요한 세 가지 키워드는 자유, 민주, 반부패라고 할 수 있다. 참고로 대한민국의 객관적 위치를 파악할 수 있는 자료들을 소개하면 다음과 같다. 안타깝게도 북한은 모든 지수에서 최하위를 기록하고 있다. 1위를 기록하는 것이 하나 있긴 하다. 기독교박해지수에서![32]

1. **세계자유지수** 프리덤 하우스(www.freedomhouse.org)[33]

2. **언론자유지수** 국경없는 기자회(www.rsf.or/en)[34]

3. **경제자유지수** 월스트리트저널 & 헤리티지재단(www.heritage.org/index)[35]

4. **민주주의지수** 이코노미스트 인텔리전스 유닛(www.eiu.com)[36]

5. **부패인식지수** 국제투명성기구(www.transparency.org)[37]

6. **신용평가등급** 무디스(www.moodys.com)[38]

내가 입을 다물고
죄를 고백하지 않았지요.
온종일 끊임없이 신음하였고
결국 내 몸은 탈진하고 말았지요.

주님께서 밤낮 손으로
나를 짓누르셨기에,
여름에 풀 마르듯
나의 혀가 말라 버렸지요.

드디어 나는 내 죄를 주님께 아뢰었지요.
내 잘못을 덮어두지 않고 털어놓았지요.
"내가 주님께 내 허물을 고백합니다"
주께서는 나의 죄를 기꺼이 용서하셨지요.

(시편 32:3-5, 다윗의 시에서)

PART 5
리더십
이양과 코칭

KING
DAVID
RETURNS
THE LEADER WHO LEADS LEADERS

18
후계자를 결정짓다

열왕기상 1장

아들 솔로몬이 20살이 되었을 때 아버지인 나는 무려 70세에 접어들었다. 말 그대로 고령의 나이에 이르렀다. 솔로몬의 나이 때 골리앗을 때려 눕혔던 기억이 문득 떠올랐다. 그러나 지금은 너무 늙어버려 몸이 따뜻하지 않을 정도가 되었다. 기력이 아주 약해졌고 살 날이 얼마 남지 않은 것 같았다. 이 시기 나는 대권을 솔로몬에게 넘겨주는 문제로 또 한번 진통을 겪어야 했다.

나에게는 남북 통일 전, 헤브론에서 왕으로 있을 때 낳은 아도니야라는 아들이 있다. 그가 서른 다섯 살쯤 되었을 때, 나는 후계자를 공식적으로 지정하지 못한 채 질질 끌고만 있었다. 아무래도 아도니야는 자신이 솔로몬보다 15살 정도 위이니 이스라엘의 3대 왕은 자기가 되어야 한다고 생각했던 것 같다.

특히 그는 압살롬 다음의 차남이었다. 이미 압살롬은 8년 전에 죽었으니 당연히 자신이 차기 왕이 될 것이라고 기대했었나 보다. 그래서 그는 후계자처럼 행세하고 다녔다. 그럼에도 불구하고 나는 아도니야의 행동을 꾸짖지 않았고, 어찌하여 그런 일을 하느냐고 한 번도 질책하지 않았다.

후계자 선정이 늦은 이유

아도니야냐 솔로몬이냐? 나중에서야 알았지만 누가 될 것인지가 장안의 화제였다. 내가 선호하는 아들을 후계자로 임명해서는 안된다는 것을 나는 너무나 잘 알고 있었다. 왜냐하면, 솔로몬이 태어나기 전에 주님은 선지자 나단을 통해 나에게 이렇게 전해준 적이 있었기 때문이다.

"너의 생애가 다하여서, 네가 너의 조상들과 함께 묻히면, 내가 네 몸에서 나올 자식을 후계자로 세워서, 그의 나라를 튼튼하게 하겠다."(사무엘하 7:12)

즉, 나의 후계자는(당시 기준으로) 현재까지 태어난 자식이 아닌 미래에 나의 몸에서 '나올 자식'이라는 것이다. 따라서 이미 나온 자식들은 왕이 될 수 없다. 이에 압살롬, 아도니야도 후계자가 될 수 없음을 나는 진작부터 알고 있었다. 또한 내가 나의 조상들과 함께 묻힌 후에 후계자가 세워진다고 했으니, 나는 내가 죽은 뒤에나 정식으로 선포될 것이라 생각했다.

한편 나이 50이 넘어 밧세바를 통해 늦둥이를 낳았는데, 그 아들의 이름을 '솔로몬'이라고 지었다. 나단 선지자는 그의 이름을 '여디디야'라고 부르게 했는데, 그 뜻은 주님께서 사랑하신다는 뜻이었다. 나의 이름인 '다윗'이란 이름 또한 '사랑받는 자'란 뜻으로 여디디야와 의미가 통했다 (참조: 사무엘하 12:24-25).

당시 내가 솔로몬이라 이름을 지은 이유가 있었다. 주님은 내가 성전을 지으려 할 때 허락하지 않으셨고, 다음 왕이 성전을 짓게 하겠다고 말씀하셨다. 그때 주님은 내 뒤를 이을 왕의 이름을 솔로몬이라고 정하셨다.

"보아라, 너에게 한 아들이 태어날 것인데, 그는 평안을 누리는 사람이 될 것이다. 내가 사방에 있는 그의 모든 적으로부터, 평안을 누리도록 해주겠다. 그러므로 그의 이름을 솔로몬이라 지어라. 그가 사는 날 동안, 내가 이스라엘에 평화와 안정을 줄 것이다.

그가 내 이름을 위하여 성전을 건축할 것이다. 그는 내 아들이 되고, 나는 그의 아버지가 되어, 이스라엘을 다스리는 그의 왕위가 영원히 흔들리지 않고 튼튼히 서게 해줄 것이다."(역대상 22:9-10)

2인자들의 배신

그렇게 아들의 이름을 솔로몬으로 정하게 되었고 내 뒤를 이어 이스라엘 국민들을 섬길 자는 타협의 여지가 없었다. 이것은 극비로 부쳐졌기 때문에, 솔로몬이 나의 후계자가 될 것을 안 사람들은 나를 포함하여, 나단 선지자, 밧세바, 솔로몬뿐이었다. 그러나 솔로몬은 어렸고, 나는 늙어 기력이 쇠하여 버렸다. 아도니야는 아마도 이 틈을 노렸던 것 같다. 열왕기서 저자는 아도니야의 방자함에 대해 이렇게 기록했다.

"아도니야는 자기가 왕이 될 것이라고 하면서, 후계자처럼 행세하고 다녔다. 자신이 타고 다니는 병거를 마련하고, 기병과 호위병 쉰 명을 데리고 다녔다."(열왕기서 1:5)

아도니야는 후계자 행세만 하는 것이 아니라 내 주변의 영향력있는 인사들을 포섭하기 시작했다. 그에게 넘어간 특별한 두 사람이 있는데, 바로 아비아달과 요압이다. 그들은 소위 다윗정부의 개국공신들로서 나의 왼팔과 오른팔이었다. 그러나 내가 쇠잔해지자 줄을 갈아탔다. 아도니야를 왕 위에 옹립하기 위한 공동위원장이 된 것이다. 거의 40년을 동고동락한 시간들이 허무하게 날아가 버렸다.

먼저 아비아달은 누구인가? 그는 사울 시대 제사장이었다. 내가 사울 왕에게 쫓기기 시작할 때 아비아달의 아버지 아히멜렉을 만나 도움을 받은 적이 있었다. 사울 왕이 이 사실을 알게 되자 그를 비롯하여 일가 85명이 모두 학살을 당했다. 이때 아히멜렉의 집안에서 유일하게 살아남은 사람이 아비아달이었다. 내가 헤렛 숲에 숨어있을 때 그는 나를 찾아와 주었고, 나는 그의 생명을 지켜주며 함께 지내기 시작했다. 그때 아비아달에게 해준 말이 아직도 생생하다.

"두려워하지 말고 나와 함께 있게. 내 생명을 찾는 사람이 바로 네 생명도 찾고 있네. 네가 나와 함께 하면 안전할 것이네."(사무엘상 22:23)

그후 내가 왕위에 오른 뒤, 그는 제사장으로서 종교업무를 관장했다. 언약궤를 예루살렘으로 옮겨올 때에도 중요한 역할을 한 인물이었다. 그뿐만이 아니었다. 압살롬의 반역 때에도 예루살렘에 남아 압살롬의 동태를 파악하며 나의 고문인 후새와 또 다른 제사장 사독과 함께 정보전에서 혁혁한 공헌을 했다. 이처럼 생사의 고락을 같이 한 인물이었으므로 내가 눈꼼만큼도 의심하지 않았는데 역시 열길 물 속은 알 수 있어도 한

길 사람 속은 알 수 없나 보다.

　한편, 요압은 어떤가? 아둘람 동굴에 모였던 '다사모'의 회장이었다. 그의 용맹함과 전투능력은 따를 자가 없었다. 나의 측근 중의 측근이었다. 내가 있는 곳에 그가 항상 그림자같이 따랐던 인물이다. 심지어 우리아를 죽이고자 하는 나의 음모에 가담하여 그 일을 이루어주기도 했다. 전쟁에 나가 연전연승하는 전쟁영웅이기도 하다. 내가 아들 압살롬을 보고싶어하자 중간에서 화해촉진자 역할도 해주었던 고마운 사람이었다.

　그러나 용맹함 못지않게 무자비함도 이루 말할 수 없었다. 남북으로 갈라진 이스라엘을 통일하자고 했던 아브넬을 무장해제시킨 채 무차별하게 죽였고, 아들의 쿠데타 사건 때 압살롬의 목숨도 가차없이 날려버렸다. 당시 요압의 매정함에 얼마나 당혹스럽고 서운했는지 모른다. 그뿐이 아니다. 세바의 선동사건 때에 요압 대신에 군지휘관으로 임명받았던 아마사를 시기질투하여 단칼에 죽여버렸다. 요압은 자기자리를 위협하는 인물에 대해서는 무자비의 대명사였다. 물론 특별한 대안이 없어 나는 그를 다시 군대총사령관의 자리에 앉혔고 그는 블레셋과의 전쟁에서 대승을 거두었다.

　가장 최근에는 나의 교만함으로 인구조사를 하겠다고 했을 때, 그 일이 주님 앞에 잘못된 것이라며 직언을 하기도 했다. 이렇게 좋을 때나 나쁠 때나 언제나 나와 운명을 함께한 자, 그가 바로 요압이다.

　아비아달과 요압의 배신은 나에게 치명타였다. 그만큼 아들 아도니야의 선동력과 화술도 만만치 않았다. 내가 늙자 위풍당당 아니 허풍당당하게 자기가 차기대권 승계자인 것 같이 행세를 했으니 왕실의 특급 대외비 사항을 몰랐던 요압과 아비아달은 계산기를 두드렸을 것이다. 줄을 갈아타야겠다고 말이다.

사실 나에게도 남들에게 말못할 사정이 하나 있었다. 차기 대권 승계자 솔로몬 정부가 빨리 안착을 하려면 두 그룹의 갈등조정을 잘해야 할 것이라는 숙제를 가지고 있었다. 중국의 정치 그룹에 베이징파와 상하이파가 있다고 들었는데, 솔로몬 정부가 시작되어야 하는 시점에 이스라엘에는 헤브론파와 예루살렘파가 있었다. 나는 헤브론파인 국가의 원로급인 개국공신 그룹과 예루살렘파인 신세대 지도자 그룹의 협력을 어떻게 이루어가야 할지, 고민거리로 남겨두고 있었다. 그런데 이번에 배신한 사람들이 한결같이 개국공신 그룹인 헤브론파 실세들이었다.

그들은 강국으로 번성하는 이스라엘을 보며 내가 죽은 뒤에도 계속하여 영향력을 갖는 권력자가 되고 싶어 했고 이번 기회에 그 속내가 훤히 드러난 것이다. 그들은 더이상 충신들이 아니었다. 개인의 이득에만 계산이 빨랐던 간신들이었다. 하나님의 섭리는 인간이 감히 상상할 수가 없다.

이번 일을 계기로 환난 가운데 일하시는 주님만을 바라보기로 다짐했다. 내가 나서지말고 주님이 일하시는 것을 보기 위하여 나는 철저히 죽이고 뒤로 물러섰다. 물론 쉽지 않았다. 아직도 마음은 청춘이라 당장 병사들을 소집하고 싶었지만 부자지간에 또 다시 피를 흘린다면 그 부담은 고스란히 솔로몬에게 넘어가기 때문이다.

후계자 선포식을 하다

드디어 아도니야는 때가 되었다고 생각했는지, 솔로몬과 그를 따르지 않는 예루살렘파 인물들을 제외한 상태에서 나의 사전 재가도 없이 후계자 옹립잔치를 벌였다. 이 잔치에 자기의 형제인 왕자들과 유다 사람인 왕의 모든 신하들을 초청했으며 보다 성대한 자리를 마련하기 위해 양과 소와 살진 송아지도 잡았다. 자신의 왕권을 선포하기 위해서!

이 소식을 듣고, 밧세바가 나에게 급히 찾아왔다. 뭔가 심상치 않은 일이 일어났음을 직감했다. 그녀는 헐떡이던 호흡을 진정시키고 나에게 말했다.

"큰일났습니다. 아도니야가 왕위선포식을 하고 잔치를 열고 있는데 임금님은 어찌 이리도 무심하신지요? 저에게 이르시기를, 이 몸에서 태어난 아들 솔로몬이 임금님의 뒤를 이어서 왕이 될 것이며, 그가 임금의 자리에 앉을 것이라고 말씀하셨잖습니까?

통촉하시기 바랍니다. 온 이스라엘 사람이 임금님의 입에 이목을 집중하고 있습니다. '임금님의 뒤를 이어서 임금의 자리에 앉을 사람이 누구인지'를 선포하시기를 학수고대하고 있습니다. 이대로 진행된다면 아도니야가 왕으로 굳어질 것이고, 나와 솔로몬은 반역자가 될 것이 자명하지 않겠습니까?"

나는 밧세바의 말을 들으며 '이제 결정해야 할 때구나'라고 생각했다.

나단 선지자는 어떻게 생각하는 지 궁금하던 차에, 그가 들어왔다. 그는 나에게 밧세바가 한 말을 되풀이했다.

"임금님께 여쭙니다. 아도니야가 왕이 되어서, 임금님의 뒤를 이어 임금의 자리에 앉을 것이라고 말씀하신 적이 있으십니까? 아도니야가 오늘 내려가서, 소와 송아지와 양을 많이 잡아서, 제사를 드리고, 모든 왕자와 군사령관과 아비아달 제사장을 초청하였습니다.

그들은 아도니야 앞에서 먹고 마시고는 '아도니야 임금님 만세'를 외쳤습니다. 그러나 임금님의 종인 저와 사독 제사장과 여호야다의 아들 브나야와 임금님의 종 솔로몬은 초청하지 않았습니다.

이 일이 임금님께서 하신 일이면, 임금님의 뒤를 이어서 임금의 자리에 앉을 사람이 누구인지를, 임금님의 종인 저에게만은 알려 주실 수 있었을 것입니다."(열왕기상 1:24-27)

나단은 아도니야가 주님이 선발하신 왕이 아니라고 강하게 말했다. 나는 나단의 이야기를 듣고, 더 이상 늦으면 안되겠다 싶었다. 그래서 다시 밧세바에게 말했다.

"여보 밧세바, 내가 전에 분명히 당신에게 주의 이름으로 맹세했소. '솔로몬이 임금이 될 것이며, 그가 나를 이어서 임금의 자리에 앉을 것이다'라고 말이오. 바로 오늘 이 일을 그대로 이행하겠소."

나는 즉시 신하들과 제사장들을 불러 모이게 했다. 그리고 그들에게 선포했다.

"그대들은 나의 신하들을 거느리고, 내가 타던 노새에 나의 아들 솔로몬을 태워서, 기혼으로 내려가도록 하시오. 사독 제사장과 나단 예언자는 거기에서 그에게 기름을 부어 이스라엘의 왕으로 삼고, 그런 다음에 뿔나팔을 불며 '솔로몬 왕 만세!' 하고 외치시오.

그리고 그를 따라 올라와, 그를 모시고 들어가서, 나를 대신하여 임금의 자리에 앉히시오. 그러면 그가 나의 뒤를 이어서 왕이 될 것이오. 그를 내가 이스라엘과 유다의 통치자로 임명하였소."(열왕기상 1:33-35)

비로소 나는 후계자 선정을 공식적으로 발표했다. 사독 제사장이 관례대로 제3대 왕 임명식을 거행했고, 나팔 소리와 함께 온 이스라엘에 알렸다. 백성들은 "솔로몬 왕 만세!" 하고 외치며 기뻐했다. 모든 백성이, 피리를 불면서, 열광적으로 기뻐했다. 그 기뻐하는 소리가 얼마나 컸던지, 세상이 떠나갈 듯했다.

아도니야의 실패한 쿠데타

아도니야의 파티가 끝나갈 무렵, 멀리서 무리들의 소리가 크게 들려
왔다. 아무래도 소식을 전해들은 모양이다. 초청받은 모든 사람이 깜짝
놀라 겁에 질렸고, '걸음아 나 살려라' 하며 뿔뿔이 흩어져 버렸다.

　모인 사람들은 벌써 자기들이 잘못한 것을 알고 있는 듯했다. 권력에 눈이 어두운 사람들만 모였다는 걸 그들 자신들도 이미 잘 알고 있었다. 그들은 깡패들에게 볼 수 있는 의기투합조차 없었던 자들이었다. 그렇게 쉽게 뿔뿔이 도망 다닐 것이면 시작도 하지 말았어야 했다. 따라서 이 사건을 '아도니야 해프닝'이라고 명명하고 싶다.

　왜냐하면 이 사건은 아도니야의 치밀하지 못했던 계획으로 인한 소동에 지나지 않았기 때문이다. 실제로 아도니야가 진짜 왕이 되는 것을 원했다면 그는 잔치하기 전에 왕의 환심을 샀어야 했다. 그러다 보니 아도니야 또한 솔로몬에 대해서 이미 감을 잡고 있었던 것 같다. 특히 솔로몬을 초청하지 않았다는 것은 뭔가 껄끄러움을 남기는 부분이기도 했다.

　어디 그 시대의 이야기에 불과할까? 지금도 이러한 사람들이 너무 많은 것 같다. 불의한 자들이 분수를 모르고 본인이 나서서 대권을 휘어잡아보려고 한다. 특히 높은 자리에 앉아서 대우나 받고 싶은 사람들은 인위적으로 자기에게 유리한 편을 모으려고 한다. 그러다가 수틀리면 또 흩어진다. 결국 이합집산이 너무나 쉽게 형성된다. 나라를 위한 헌신보다는 자기 이익 추구에 따라 행동한 결과다. 이런 것이 바로 철새정치인데, 역사의 교훈에도 불구하고 여전히 철새정치는 사라지지 않는 것 같다. 대체 그 이유가 뭘까?

리더십 이양에 성공하다

나는 죽기 전에 해야 할 일이 있었다. 바로 솔로몬 후계자가 정치를 잘 할 수 있도록 멘토링해주는 것이었다. 나는 왕으로서 무엇이 가장 중요한지, 어떤 일들을 해나가야 할지 차근차근 말해 주었다. 즉 리더십 이양 순서를 밟아 나갔다.

나는 이스라엘의 모든 지파 지도자들, 여러 갈래의 지휘관들, 천부장과 백부장, 왕실 재산 관리자, 환관, 무사들, 모든 전쟁 용사들을 불러 모았다. 그리고 솔로몬에게 힘을 실어주었다(참조 : 역대상 28장).

많은 지도자들이 리더십 이양까지는 잘 수행한다. 그러나 멘토링이 부족하여 부작용을 경험하곤 했다. 후계자 선정도 중요하지만, 그 자리를 잘 이어갈 수 있도록 멘토링해 주는 것 역시 더없이 중요하다. 이에 나는 후계자가 잘할 수 있도록 자신감을 심어주고 권위를 모아주며, 진정한 리더가 되도록 양육하는 데 최선을 다했다.

솔로몬에게 리더십 이양을 위한 멘토링을 할 때 몇 가지 중요한 원리들이 있었다. 첫 번째는 바른 길을 제시하는 것이었다.

"나의 아들 솔로몬아, 너는 네 아버지의 주님을 바로 알고, 온전한 마음과 기쁜 마음으로, 정성을 다하여 섬기도록 하여라. 주께서는 모든 사람의 마음을 살피시고, 모든 생각과 의도를 헤아리신다. 네가 그를 찾으면 너를 만나 주시겠지만, 네가 그를 버리면 그도 너를 영원히 버리실 것이다."(역대상 28:9)

두 번째는 못다한 과업에 대해 계속 진행할 것에 대해 부탁하는 것이었다. 즉, 국정업무에 대한 인수인계였다. 나는 성전건축의 설계도를 솔로몬에게 주면서, 이렇게 말했다.

"이 모든 설계에 관한 것은 주께서 친히 손으로 써서 나에게 알려 주셨다."(역대상 28:19)

세 번째는 격려와 용기를 불어넣는 것이었다.

"너는 힘을 내고, 담대하게 일을 해 나가거라. 두려워하지 말고 염려하지 말아라. 네가 주의 성전 예배에 쓸 것들을 다 완성하기까지, 주님이 너와 함께 계시며, 너를 떠나지 않으시며, 너를 버리지 않으실 것이다." (역대상 28:20)

네 번째는 권위의 부여였다.

"그리고 제사장과 레위 사람의 갈래들이 주님의 성전 예배에 관한 모든 일을 도울 것이며, 온갖 일에 능숙한 기술자들이 자원하여 너를 도울 것이며, 지도자들과 모든 백성이 너의 명령을 따를 것이다."(역대상 28:21)

나는 솔로몬과 함께 나라를 잘 이끌어가도록 사람들에게 부탁하는 것도 잊지 않았다.

"나의 형제와 백성 여러분, 나의 말을 들으시오. 나는 우리 주님의 발판이라 할 수 있는 주의 언약궤를 모실 성전을 지으려고 준비를 하여 왔습니다. 그러나 주님께서는 나에게 '너는 군인으로서 많은 피를 흘렸으므로, 나의 이름을 위하여 성전을 건축할 수 없다' 하고 말씀하셨습니다.

주 이스라엘의 주님께서 나의 아버지의 온 가문에서 나를 왕으로 택하여, 이스라엘을 길이길이 다스리도록 하셨습니다. 주께서는 유다를 영도자로 택하시고, 유다지파의 가문 가운데서 우리 아버지의 가문을 택하셨으며, 우리 아버지의 아들 가운데서 기꺼이 나를 온 이스라엘의 왕으로 삼으셨습니다.

또 주께서는 나에게 여러 아들을 주시고, 그 모든 아들 가운데서 나의 아들 솔로몬을 택하여, 주의 나라 왕좌에 앉아 이스라엘을 다스리게 하셨습니다."(역대상 28:2-5)

이 모든 것이 솔로몬에게 권위를 실어주기 위한 수순이었다. 내가 죽은 뒤 솔로몬의 지도력에 대해 열왕기서에 이렇게 기록된 것을 보니 너무 기뻤다. 나의 소망대로 리더십의 이양은 아주 성공적으로 이루어진 것 같았다.

> "솔로몬은 그의 아버지 다윗이 앉았던 자리에 앉아서, 그 왕국을 아주 튼튼하게 세웠다."(열왕기상 2:12)

19

솔로몬에게 남긴
유언

열왕기상 2장, 역대상 28, 29장

　　솔로몬이 통일 이스라엘의 제3대 왕으로 결정된 후, 나는 모든 이스라엘의 지도자들을 예루살렘으로 불러 모았고 백성들에게 연설을 했다. 나는 모인 사람들에게 첫째로는 성전 건축을 잘 이루어 줄 것에 대해서 부탁하였고, 둘째로는 이스라엘의 헌법인 주님의 계명을 잘 지켜 나갈 것에 대해 신신당부했다. 그리고 차기 왕에게는, 모든 생각과 의도를 헤아리시는 주님을 정성을 다해 섬기도록 명령했다. 또한 성전건축 설계도를 건네 주었고 모아 놓은 재산을 성전건축 헌금으로 내놓았다. 이를 본 이스라엘 지도자들도 기꺼이 예물을 바치며 기뻐했다.

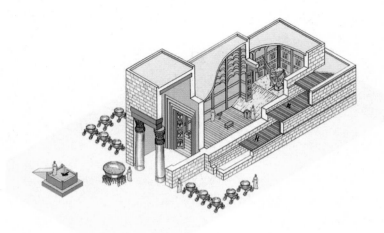

솔로몬이 지을 성전의 구조도 | Origin : www.ritmeyer.com

인생경영, 주님 보시기에 옳게 살아라

나는 백성들이 모인 자리에서 주님을 향해 진심을 담아 고백했다.

"주 앞에서 우리는, 우리의 모든 조상처럼, 나그네와 임시 거주민에 불과하며, 우리가 세상에 사는 날이 마치 그림자와 같아서, 의지할 곳이 없습니다. 우리가 주의 거룩한 이름을 위하여 주의 성전을 건축하려고 준비한 이 모든 물건은, 다 주의 손에서 받은 것이니, 모두 다 주의 것입니다.

나의 주님, 주께서는 사람의 마음을 헤아리시고, 정직한 사람을 두고 기뻐하시는 줄을 제가 압니다. 나는 정직한 마음으로 기꺼이 이 모든 것을 바쳤습니다. 이제 여기에 있는 주의 백성이 주님께 기꺼이 바치는 것을 보니, 저도 마음이 기쁩니다.

우리 조상 아브라함과 이삭과 이스라엘의 주님, 주의 백성이 마음 가운데 품은 이러한 생각이 언제까지나 계속되도록 지켜 주시고, 그들의 마음이 항상 주를 향하게 해주십시오."(역대상 29:15-18)

내가 70평생을 살면서 깨달은 인생의 진리가 있다. 내가 주인공이 되고, 내 이름을 날리려고 하고, 내가 역사에 길이 남고자 하면 실패의 길을 걷게 된다는 것이다. 이러한 '내가 철학'은 결국 인생을 패망하게 만드는 지름길일 뿐이다. 따라서 내가 지금까지 이룬 모든 업적은 주권자 되시는 주님께서 하셨기 때문이라고 증거하고 싶었다.

"다윗은 주님께서 보시기에 올바르게 살았고, 헷 사람 우리아의 사건 말고는, 그 생애 동안에 주님의 명령을 어긴 일이 없었다."(열왕기상 15:5)

영국의 국민적 영웅, 윈스턴 처칠의 이야기를 해보자.[39] 처칠의 인생에 가장 큰 영향을 미친 사람은 엘리자베스 에베레스트라는 유모였다. 처칠이 태어난 직후부터 양육을 담당했던 그녀는 열성적인 기도의 사람이었고 의식주의를 반대하는 신실한 교인이었다. 그녀는 처칠에게 깊이 있는 신앙심을 심어주었고 처칠 또한 그녀의 말에 절대 신뢰하며 순종적으로 따랐다. 이후 처칠은 영국의 수상이 되었고 두 번째 수상을 역임하던 1954년, 부흥사인 빌리 그래함과 만나 세계정세에 대해서 대화를 나누게 되었다. 이때 80세의 처칠은 젊디 젊은 30대 초반의 빌리 그래함에게 이렇게 얘기했다.

"젊은이, 자네가 말하는 희망이 아닌 한, 나는 미래에 대한 희망이 별로 없다고 생각하네. 우리는 꼭 하나님께 돌아가야 하네."

그렇다. 모든 것이 하나님께로부터 왔다. 우리가 주님을 떠나서는 우리의 미래에 대한 희망을 바라볼 수가 없다. 그동안 처칠은 사람들에게 무신론자라고 알려져 왔다. 이것은 분명 전기 작가들에 의해 왜곡되었던 것이다. 그는 다른 사람처럼 정치적 이득을 위해서 그리스도인이라는 것을 자랑하지 않았을 뿐, 자신의 신앙을 결코 숨기지 않았다. 그가 하원의원으로 일하던 1901년, 영국에서는 성직자법이 만들어졌는데 그는 해당 법안을 지지하며 이렇게 이야기했다.

"쾌락주의는 덧없는 시련과 선택의 연속인 이 세상에서 때때로 즐거움을 줄 수 있겠지만, 그 이후에는 헤아릴 수 없는 세월이 지나도록 파멸에서 벗어나지 못할 것이다."

처칠의 인생을 얘기할 때 성경적 세계관을 도외시할 수 없다. 그것을 외면하면 처칠에 대한 올바른 평가가 이루어질 수 없을 것이다.

국가경영, 겸손의 원리를 적용하라

내가 세상을 떠날 때 솔로몬을 불러 당부했다. 솔로몬을 향한 유언은
다음과 같았다.

Origin: Sweet Publishing, cc-ba-sa 3.0

"나는 이제 세상 모든 사람이 가는 길로 간다. 너는 굳세고 장부다워
야 한다. 그리고 너는 주님의 명령을 지키고, 모세의 율법에 기록된 대
로, 주께서 지시하시는 길을 걷고, 주의 법률과 계명, 주의 율례와 증거
의 말씀을 지켜라. 그리하면, 네가 무엇을 하든지, 어디를 가든지, 모든
일이 형통할 것이다.

또한 주께서 전에 나에게 '네 자손이 내 앞에서 마음과 정성을 다 기울여서, 제 길을 성실하게 걸으면, 이스라엘의 임금 자리에 오를 사람이 너에게서 끊어지지 않을 것이다' 하고 약속하신 말씀을 이루실 것이다."

(열왕기상 2:2-4)

이 말은 그동안 내가 성공과 실패로부터 얻은 교훈에 근거했다. 나는 주님을 업신여기거나 가볍게 여겨서는 안 됨을 뼛속 깊이 깨달았다. 이 것이 무엇보다 중요함을 알았기에 솔로몬에게 국가 장기발전계획을 어떻게 세워야 하고, 지역주의와 외세의 침략을 어떻게 대비해야 하며, 나라 경제는 어떻게 운영해야 하는 지에 대해서는 가르치지 않았다.

나는 국가경영 테크닉보다 중요한 국가경영 원리를 가르친 것이다. 모든 지혜의 근본은 주님을 아는 것이 아닌가. 나는 솔로몬의 두 손을 꼬옥 잡고, 지긋하고 엄숙한 눈빛으로, 그리고 간절한 마음으로 이야기했다.

시대를 불문하고 성공한 국가지도자는 인테그리티의 인격 위에서 지혜를 발휘했다. 미국에서 가장 존경받는 대통령, 링컨도 마찬가지였다. 그는 무엇이 옳고 무엇이 그른지를 알아볼 때 늘 성경에서 그 해답을 찾곤 했다. 그는 신앙인으로서도 존경을 받았지만 일반 대중에게도 상당한 영향력을 미쳤고 존경을 받았다. 그는 대통령에 당선되고 나서 스프링필드를 떠나 워싱턴 DC로 가게 되었는데 그때 링컨을 배웅하러 기차역에 나온 사람들이 천여 명가량 되었다고 한다. 오랜 이웃들과 헤어질 때 전했던 그의 고별연설은 듣는 이들로 하여금 가슴을 찡하게 만들었다.[40]

"항상 저를 돌보아 주시는 하나님의 도움이 없다면 전 성공할 수 없습니다. 저는 그분의 도움에 힘입어 성공할 수 있습니다. 그분의 도움이 있다면 나는 실패할 수 없습니다. 나와 함께 가시고 여러분들과 함께하시고, 또 선한 일을 위해 어디에나 계시는 주님을 신뢰하며, 모든 것이 잘 될 것에 대해 확신하며 소망합시다."

또한 유럽연합의 수장역할을 해온 앙겔라 메르켈을 언급하지 않을 수 없다. 그녀는 베를린장벽이 무너지기 전, 동독 지역의 루터교회 목회자 가정에서 자랐다. 메르켈은 공산주의 동독에서 자랐음에도 불구하고 아버지로 말미암아 깊은 신앙심을 지닐 수 있었다고 한다. 그녀는 유년시절을 이렇게 회고하고 있다.[41]

"저의 아버지가 목회자였기 때문에, 저는 자연스럽게 교회의 품에서 성장했습니다. 따라서 진지한 성찰 없이 자연스럽게 크리스천이 되었다고 볼 수도 있겠습니다. 크리스천으로의 존재됨에 대한 깊은 성찰 또한 부족했습니다. 그럼에도 불구하고 제가 성장했던 교회는 단순한 삶의 공간이 아니었습니다. 교회는 기독교 신앙이 저의 삶의 모든 것이 되도록 만들었습니다."

1990년 동독과 서독의 통일이 이루어진 후, 그녀는 양자물리학 박사이자 과학자의 삶에서 정치가의 삶으로 전환하게 된다. 이후 2005년 11월 총리가 된 이후로 16년 동안 여성 최장수 총리로 자리매김하게 된다.

폴커 레징은 그의 책에서 그녀의 세계관을 볼 수 있는 연설문 일부를 소개했다.[41]

"기독교적 인간 이해는 무소불위의 정치권력에 대한 환상을 과감히 폐기처분했습니다. 우리가 정당하게 소유한 양심의 자유를 통하여 우리는 다음과 같은 사실을 알고 있습니다. 우리는 불안전한 인간이며 언제든지 과오를 범할 수 있습니다. 우리는 마지막 날에 하나님과 대면해야 합니다. 이 사실은 우리가 겸손한 삶을 영위해야 한다고 가르칩니다. 정치 또한 마찬가지입니다. 정치인의 삶은 섬기는 삶이어야 합니다."

좋은 열매들은 좋은 나무에서 나오는 법이다. 마찬가지로 위대한 대통령들의 위대한 업적은 실패를 딛고 일어서는 용기, 깨끗한 양심과 도덕적 정직성, 원수를 사랑할 만큼의 포용력, 진리를 생명같이 여기는 불굴의 의지력에 기초한다. 그 정신으로 국정과제를 수행해 나가되, 겸손한 마음을 기본으로 국민을 섬겨야 한다.

"그들의 열매로 그들을 알지니 가시나무에서 포도를, 또는 엉겅퀴에서 무화과를 따겠느냐. 이와 같이 좋은 나무마다 아름다운 열매를 맺고 못된 나무가 나쁜 열매를 맺나니, 좋은 나무가 나쁜 열매를 맺을 수 없고 못된 나무가 아름다운 열매를 맺을 수 없느니라."(마태복음 7:16-18)

20
현대의
리더들에게

'롤러코스터.' 내 인생을 한 마디로 표현한 단어가 아닐까 생각한다. 베들레헴이라는 시골에서 8형제 중의 막내로 태어난 나는 아버지의 양 떼를 돌보기 위해 무릿매 기술을 연마했고, 하프 연주와 함께 노래를 부르거나 시를 쓰는 등 누구보다 행복한 어린 시절을 보냈다. 의아하게도, 열 다섯의 나이에 사무엘 선지자로부터 특별한 인생이 될 것이라는 이야기를 들으며 예식을 치렀고 스무 살에는 골리앗을 때려 눕히는 기적과 마주했다. 사울 왕의 총애가 증오로 변하여 살해당할 위기에 부딪혔을 때는 마음을 경영하는 노하우도 쌓았다. 특히 사울 왕이 나를 죽이려고 추적하던 그 기간은 연단 이상의 의미를 부여했다. 리더십 훈련 코스로써 내 인생에 없어서는 안 될 하나의 과정이 되었던 것이다.

서른 살에는 남쪽 이스라엘의 대통령이 되었고 7년 뒤에는 남북통일을 이루고 수도를 예루살렘으로 이전하는 업적을 남겼다. 또한 이스라엘 국민들의 세계관을 하나로 모으기 위해 솔선수범했고 지역주의를 잠재우며 국민통합의 정치를 실현하는 것은 물론 민생 안정을 이룩했다. 군사적으로도 주변 국가들에게 '넘사벽'으로 인식될 정도로 초강대국을 만들어 나갔다. 하지만 꽃길만을 걸었던 것은 아니다. 나는 성공과 성취에 흠뻑 빠져 겸손의 자리를 이탈했고 넘지 말아야 할 선을 넘었다. 그 결과 내 가정이 콩가루 집안으로 전락하는 아픔을 맛보았다.

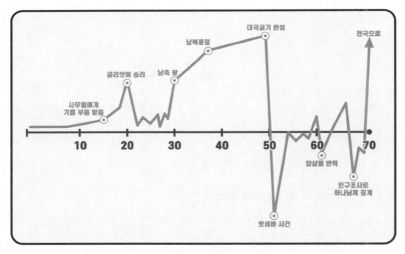

롤러코스터 인생곡선

　　그런 순간들을 다시금 떠올리며 이 글을 써내려갔다. 이제 펜을 놓을 시간이 다가왔다. 마무리하기에 앞서 많은 사람이 나에게 질문했던 것에 대해 답을 남기고 싶다. 그 질문은 다음과 같다.

"지금 이 시대를 살아가는 수많은 리더들과 앞으로 리더가 될 사람들에게 리더십의 에센스를 전수해주십시오."

솔직히 내가 그런 자격이 되는 지 의문이 든다. 그럼에도 하나님이 역경의 인생 가운데 배우고 훈련받게 하신 것들을 공유하고자 한다. 이런 나눔이 후배들을 성공적인 리더로 세워나가는 데 조금이나마 보탬이 되길 바란다.

Summit with King David Who Returned

성공과 실패 가운데서 배운 리더십 덕목들 중 열 가지를 골랐다. 지도자로서 반드시 겸비했으면 하는 마음을 담아, 'Leadership'의 첫 글자를 따서 정리해 보았다.

Loyal
Encouragement
Altruistic
Disciplined
Empathy
Resilience
Shepherd
Humility
Integrity
Prayer

L : Loyal, 충성하라

리더가 되기 전에 우선되어야 할 것은 충성스럽게 사는 것이다. 나는 먼저 나 자신에게, 부모와 국가와 사울 왕에게, 그리고 내가 믿는 하나님께 충성스럽게 살았다. 아버지에게 충성하기 위해 양떼를 지키는 일에 책임을 다하고자 했고 무릿매 기술도 연마했다. 물론 그때까지만 해도 무릿매 기술이 세상을 놀라게 하리라고는 상상치도 못했다. 한편 주님이 세우신 사람에 대한 충성심 때문에 사울 왕을 두 번씩이나 내 손으로 죽일 수 있었음에도 해하지 않았다. 엔게디 동굴에서 겉옷 자락을 자르는 행위조차 왕에 대한 미안함으로 남을 뿐이었다. 특히 나는 최초로 비폭력 시위를 소개하는 계기를 마련할 수 있었다. 분명 작은 일에 충성하면 큰 일에도 충성할 기회가 찾아온다. 큰 차이를 내고 싶다면 작은 일에 충성하길 바란다. 'Small things, big difference!'라는 말을 꼭 기억하길 부탁한다.

E : Encouragement, 격려받고 격려하라

지도자가 되려면 격려의 달인이 되어야 한다. 그리고 격려의 사람이 되려면 내가 먼저 누군가에게 격려받아야 한다. 누구에게 격려받아야 할까? 나를 창조하시고 특별한 계획을 가지고 계시는 가장 높으신 분이 있다. 먼저 그분에게 격려받도록 노력하라. 그분이 주신 격려로 말미암아 우리는 어떠한 상황 속에서도 긍정의 사람이 될 수 있을 것이다. 더불어 그분의 격려에 힘입어 우리는 절망감에 빠져있는 이들에게 힘을 불어넣어줄 수 있을 것이다. 나는 아둘람 동굴에 숨어 있을 때 격려의 리더십을 발휘했고 이후 나를 찾아왔던 6백명의 사람들을 격려할 수 있었다. 그리고 그 격려로 말미암아 생각지도 않았던 '다사모'가 태동했다. 이후 다사모는 강력한 운명의 공동체로 발전했다.

A : Altruistic, 이기적이지 말고 이타적이 되도록 노력하라

사람들의 필요를 채워줄 수 있는 이타성을 갖추어야 한다. 나는 골리앗 앞에 나아갈 때 국가를 위해 내 목숨을 버릴 수 있다는 각오를 지니고 있었다. 결국 주님께서 기적같은 결과를 안겨주셨다. 국가 수반이 되었을 때도 주님의 뜻에 따라 공정하고 의로운 판단을 하는 것에 우선순위를 두었다. 통치철학은 나에게 어울리는 단어가 아니었다. 누가 누구를 통치한단 말인가? 국가 수반에게 가장 중요한 단어는 섬김이 아닐까? 이기적 마인드셋으로는 최선의 결과를 얻지 못할 뿐만 아니라 뒷말만 무성해질 뿐이다. 인간은 누구나 예외없이 이기심과 이타심을 가지고 있다. 그런데 이기심은 본능적이지만 이타심은 스위치를 켜야 작동한다. 스위치로 어두운 방을 밝히듯이 이타심의 스위치로 당신의 마음의 방도 밝히길 바란다.

D : Disciplined, 훈련되어야 한다

준비된 자가 쓰임 받는다. 훈련되어 있지 않으면 기회를 잡을 수 없다. 나는 한 방에 타겟을 맞출 수 있는 저격병 수준의 무릿매 기술을 보유하고 있었다. 처음에는 정지된 물체를 놓고 연습했으며 점점 움직이는 동물, 사자나 곰에게 적용했다. 뿐만 아니라, 사울 왕이 나를 추격할 때 다졌던 능력은 통일 이스라엘을 초강대국으로 만드는 데에 한 몫했다. 나는 그 시기, 특별한 전술과 전략을 배웠다. 이기는 것보다 더 어려운 것이 있다. 바로 지지 않는 것인데, 나는 그것을 사울 왕에게서 배운 셈이다. 무려 십여년을 전쟁 아닌 전쟁을 하며 전투력을 쌓아 올렸고 작전이라는 것을 알게 되었다.

E : Empathy, 공감 능력을 갖추라

리더는 반드시 온정적이어야 한다. 이것은 요즈음과 같은 인공지능 시대에 더 없이 필수적인 요소다. 우는 사람과 함께 울고 웃는 사람과 함께 웃을 줄 알아야 한다. 공감을 통해 사람을 얻을 수 있다. 내가 아벡에서 시글락으로 돌아왔을 때, 동료들의 가족들이 아말렉 사람들에게 잡혀 갔다. 추격하러 가는 길에 사흘 동안 굶은 소년을 만났는데 그의 생명을 살리기 위해 온갖 정성을 기울였다. 결국 그는 살아났다. 놀랍게도 그는 동료가족들이 잡혀 있는 위치 등, 우리가 필요로 하는 정보를 갖고 있었고 그 덕에 가족들을 되찾을 수 있었다. 긍휼 정신이야말로 사회를 아름답게 만드는 동력이 된다. 우리가 다른 사람들을 긍휼히 여길 때, 주님께서 우리를 긍휼히 여겨주신다.

R : Resilience, 회복력이라는 멘탈파워를 가지라

어려운 상황에서 고꾸라지는 것이 아니라 분연히 일어나 극복해 나가는 능력을 겸비해야 한다. 이러한 회복력은 악조건을 버티며 스프링처럼 탄력을 발휘하여 한계를 뛰어넘게 해 주기 때문에 회복탄력성이라고도 말한다. 사실 다른 누군가가 내가 겪은 시련을 동일하게 겪었다면 극단적인 선택을 했거나 미쳐버렸을지 모른다. 사울 왕에게 겪었던 시련뿐만 아니라 자녀들 간의 강간과 살인, 자식으로부터의 쿠데타 등은 감당하기 어려운 일임에 틀림없었으니 말이다. 그러나 나는 그때마다 나의 연약함과 죄악으로부터 왔다는 것을 인정하며 견뎠다. 지도자들의 극단적 선택이 사회에 미치는 악영향을 고려할 때, 이 능력은 리더에게 더없이 중요할 수밖에 없다. '이 또한 지나가리라'는 마음가짐에서 한 계단 올라 '뛰어넘으리라'는 멘탈로 승리하길 바란다.

S : Shepherd, 목자형 리더십을 발휘하라

남북 이스라엘이 통일의 순간에 백성들은 나에게 목자가 되어달라는 주문을 했다. 목자가 되라는 것은 편향되지 말고 균형과 공정함으로 나라를 이끌고 공동체가 함께 번영해 나가도록 인도해 달라는 의미이다. 사회에서 소외받는 자들이 없도록 복지에 많은 신경을 써야 한다는 것이다. 아흔 아홉마리 뿐만 아니라 한 마리의 양도 주목할 줄 아는 목자형 리더십을 발휘해야 한다. 앞에서도 여러 차례 얘기했지만 '국민 한 사람이 곧 국가'라는 생각을 하며 모든 국민의 안전과 행복을 추구할 줄 알아야 한다. '선한 목자는 자기 양들을 위하여 자기 목숨을 버린다'고 하셨던 예수님의 말씀을 기억하자.

H : Humility, 교만의 자리에 오르지 말고 겸손의 자리를 사랑하라

인생의 말년에 교만이 하늘을 찌를 뻔 했다. 겸손의 자리를 걷어차고 교만의 자리에 앉아 세상을 호령하려고 했던 순간이 있다. 내가 황제 아니 신의 자리에 오르고자 했다. 그럼에도 불구하고 나는 회개를 통하여 다시 겸손의 자리로 돌아가는 은혜를 체험했다. 세상의 모든 리더들의 캡틴인 하나님을 잊지 말아야 한다. 모두 그분의 주권 하에 있다는 사실을 단 한 순간도 놓쳐서는 안 된다. 'God is something, I am nothing.'이라는 고백을 할 줄 안다면 당신은 겸손한 리더가 되어 차별과 분열 대신에 전체 사회를 공동의 번영으로 이끌어 나갈 수 있을 것이다. 대통령을 위시하여 리더란 개인의 능력으로 권력을 거머쥔 존재가 아니라, 국민으로부터 잠시 권한을 부여받은 존재다. 그 권한은 마음껏 휘두르라고 받은 것이 아니라, 국민을 겸손히 섬기라고 받은 것이다.

I : Integrity, 전인격적 고결함을 위해 부단히 자신을 수련하라

흠없는 사람은 없다. 그럼에도 우리는 끊임없이 도덕과 정직이라는 양심 지수를 높이도록 노력해야 한다. 이중성을 버리고 투명함을 택해야 한다. 위선과 거짓으로 누군가를 잠시 속일 수는 있지만 모든 사람을 영원히 속일 수는 없다고 한다. 좋은 결과를 위해 과정은 좀 나빠도 된다고 생각하는 사람들이 일부 있을 수 있다. 이는 성과주의에서 비롯된 잘못된 접근 방법이다. 선한 목적, 선한 과정, 선한 결과 중 어느 것 하나 중요하지 않은 것이 없다. 나는 이 부분에서 삐걱거렸고 인테그리티를 상실하는 우를 범했다. 그 이후 내 안에 가득했던 '의로움'이 포말과 같이 사라져 버렸다. 나는 주님의 말씀을 가벼이 여김으로 말미암아, 불의, 추악, 탐욕, 악의, 사기, 살인, 악독이 가득한 사람이 되어버렸다. 나는 무정한 사람이자 무자비한 사람으로 하나님의 진노를 사기에 충분했고, 심판을 피할 수 없는 지경에까지 이르러 버렸다. 물론 침상이 젖도록 눈물 흘리며 진노를 거두어 달라고 회개했고 그저 은혜로 용서받았지만, 책임에서는 자유롭지 못했다. 그 결과 긴 세월에 걸쳐 나와 가족 그리고 국민들은 고통을 겪어야 했다. 공동체를 사랑하고, 나라를 사랑한다면 먼저 진실한 인격을 갖추도록 노력하자.

P : Prayer, 기도가 비밀병기이다

우리는 모두 연약한 인간이다. 따라서 우리는 어떤 결정 앞에서 늘 두렵고 떨리는 마음을 가져야 한다. 구약의 시편 150편 가운데 거의 반이 나의 글들로 채워져 있다. 나는 주님을 향한 마음과 기도를 시로 표현했다.[42] 진정한 리더가 해야 할 일은 내 주관을 버리고 끊임없이 주님의 뜻을 구하는 것이다. 기도에는 곁길로 갔다가도 다시 돌아오게 하는 마력이 있다. 기도의 마력을 경험하는 리더들 되기를 간절히 바란다. 예루살렘에 자기성찰이 이뤄지는 '통곡의 벽'이 있듯이, 당신의 사무실 어느 구석에 '통곡의 의자'를 하나 마련해 두라. 그 의자에서 반추의 시간을 가져보라. 그 시간이 당신의 눈을 뜨게 하고, 생각을 바꿔주고, 마음을 경작하게 할 것이다. 올바르게 결정을 하게 해줄 것이다. 만약 당신이 그 빛을 받게 된다면 이제 그 빛이 되도록 하라.

이상의 열 가지 요소는 리더십의 핵심 덕목이 아닐까 생각한다. 지금 리더로서 활약하고 있다면, 또한 미래에 리더로 세워질 자라면 이 열 가지를 꼭 되새기길 부탁한다

하나님이여
주의 판단력을 왕에게 주시고
주의 공의를 왕의 아들에게 주소서

그가 주의 백성을 공의로 재판하며
주의 가난한 자를 정의로 재판하리니
의로 말미암아 산들이 백성에게 평강을 주며
작은 산들도 그리하리로다

그가 가난한 백성의 억울함을 풀어주며
궁핍한 자의 자손을 구원하며
압박하는 자를 꺾으리로다
그들이 해가 있을 동안에도 주를 두려워하며
달이 있을 동안에도 대대로 그리하리로다

그는 벤 풀 위에 내리는 비 같이,
땅을 적시는 소낙비 같이 내리리니

그의 날에 의인이 흥왕하여
평강의 풍성함이 달이 다할 때까지 이르리로다

(시편 72:1-7, 솔로몬의 시에서)

지도자라면 다윗처럼

"너는 내 앞에서 네 아버지 다윗처럼 살아라. 그리하여 내가 네게 명한 것을 실천하고, 내가 네게 준 율례와 규례를 온전한 마음으로 올바르게 지켜라."(열왕기상 9:4, 역대하 7:17)

주님은 솔로몬에게 직접 위와 같이 말씀하시면서 다윗을 따라 배울 것을 부탁하셨다. '다윗처럼 살라'는 말은 무슨 의미일까?

첫째는 주님 마음을 잘 헤아리고 철저히 따르라는 것이다. 곧 순종이 제사보다 낫다는 말을 기억하라는 것이다.

둘째는 무슨 일을 시작하든 주님께 여쭤보라는 것이다. 다윗은 중요한 일을 시작할 때마다 거의 매사에 주님께 여쭈었고, 그분의 사인을 기다렸다.

셋째는 혹시 죄를 짓는 순간이 오면 다윗과 같이 즉시 회개하라는 것이다. 다윗은 죄를 지었지만 회개를 통해 그 죄를 극복한 자였다. 사람은 누구나 주님 앞에서 실수할 수 있는 존재다. 주님께서는 완전한 자를 원하시는 것이 아니다. 만약 주님께서 완전한 자를 원하셨다면, '다윗처럼 살지 말아라. 비록 그가 회개해서 내가 할 수 없이 용서해 주었지만 너는 그렇게 해서는 안 된다'라고 말씀하셨을 것이다.

다윗은 40년의 임기 중에 1년 정도의 시간동안 외도를 저질렀고 대부분의 시간을 국정에 최선을 다했다. 성경에 나타나지 않은 그의 업적들이 많이 있으나, 성경은 그것들보다는 그와 주님과의 관계에 초점을 맞추었다. 그러다 보니 업적이 덜 드러나 보인다. 특히 그의 인생의 마지막 부분은 자식들의 문제로 인하여 비극적으로 비춰지기까지 한다. 그러나 국가적으로 본다면 다윗은 40년 기간을 성공적으로 마감했다고 볼수 있다. 다윗의 재임기간 동안 국민들의 단합을 이끌어 냈고, 강대국으로 확고한 자리를 잡았으며, 그 위세가 솔로몬 시대까지 이어졌기 때문이다.

특히 이스라엘은 전통적으로 농업 지대였지만 이 시기 지중해 연안까지의 영토확장이 이루어져 무역의 발판을 마련할 수 있었다. 당시 이스라엘은 아시아, 유럽, 그리고 이집트 등 3개 대륙을 잇는 연결통로 같은 곳이었다. 이에 각국이 무역을 하려면 반드시 이스라엘을 통과해야만 했다. 예를 들어 페니키아에서 아라비아나 이집트와 무역을 하려면 이스라엘에 통과세를 내야만 했다. 여기에 종속국에서 가져오는 공물 수입도 대단했다. 이러한 사실을 토대로 우리는 농업과 무역을 통한 이스라엘 국민들의 생활 수준이 매우 높았음을 추측할 수 있다.

뿐만 아니라 이스라엘은 내무적으로는 행정체계를 잘 갖추었고, 외교적으로는 외국에서 선물을 들고 올 정도로 높은 대외적 위상을 드러내었다. 뿐만 아니라 막강한 군사력을 가지고 있었고, 이스라엘 내에 나쁜 우상숭배의 옛 습관을 근절하는 등 영적 각성운동도 이어나갔다.

다윗과 같은 대통령이 나오길 기도하자

다윗은 이스라엘 모든 왕들의 평가 기준이 되었다. 역대 왕들의 평가를 할 때마다 등장하는 사람이 다윗일 정도였다. 좋은 평가를 받은 왕들은 '그 조상 다윗과 같이', '그 조상 다윗의 모든 행위와 같이', '그 조상 다윗의 모든 길로 행하고'라는 말로 소개되곤 했다. 반대로 나쁜 평가를 받은 왕들은 '그 조상 다윗과는 같지 아니 하였으며' 혹은 '그의 조상 다윗만큼은 하지 못하였고' 등의 말로 평가되곤 했다. 한마디로 다윗이 모든 평가의 기준이었다. 대표적으로 다윗이 죽은 뒤 330년 뒤에 등극한 요시야 왕에 대해 성경은 다음과 같이 기록하고 있다.

"요시야는, 하나님 보시기에 정직히 행하여, 그 조상 다윗의 모든 길로 행하고, 좌우로 치우치지 아니하였더라."(열왕기하 22:2)

대한민국에도 이러한 지도자가 나오길 기대해 본다. 대통령을 평가할 때마다 기준으로 적용되는 모범 대통령이 나오기를 기도한다.

"○○○대통령은, 하나님 보시기에 정직히 행하여, 다윗의 모든 길로 행하고, 좌우로 치우치지 아니하였더라."

참고문헌

1. 찰스 스윈돌 저/곽철호 역, 다윗: 뜨거운 가슴과 한결 같은 마음을 가진 사람, 생명의말씀사, 1999

2-1. 이순신의 장계(1597년 9월)

2-2. 이순신의 장계(1592년 6월 14일 당포해전)

3. 말콤 글래드웰 저/노정태 역, 아웃라이어: 성공의 기회를 발견한 사람들, 김영사, 2019

4. 티투스 리비우스 저/이종인 역, 리비우스의 로마사 III: 한니발 전쟁기, 현대지성, 2020
   리비우스는(59 BC–17 AD)는 고대 로마의 역사가이다. 그의 책은 세계에서 유일하게 로마 시대를 살았던 역사가가 썼다는 점과 로마에 대해 방대한 분량을 담고 있다는 점에서 로마사에 관한 책 중 최고의 자리를 차지하고 있다. 그의 로마사는 마치 영화를 보듯 생생한 문학적 표현력이 돋보이는 작품이다. 한국어로는 2020년 현대지성이 번역물을 출판하였다.

5. Battle of Cannae, Wikipedia, https://en.wikipedia.org/wiki/Battle_of_Cannae

6. David's Sling, Wikipedia, https://en.wikipedia.org/wiki/David%27s_Sling

7. 1) 최하진, 세븐파워교육, 나무&가지, 2019; 2) 최하진, 자녀를 빛나게 하는 디톡스교육, 나무&가지, 2021

8. 데이빗 거겐 저/서율택 역, CEO대통령의 7가지 리더십, 스테디북, 2002

9. 안병욱 등, 안창호 평전, 청포도, 2004

10. Peter Drucker, The Daily Drucker: 366 Days of Insight and Motivation for Getting the Right Things Done, Harper Business, 2004

11. William A. Cohen, Drucker on Leadership: New Lessons from the Father of Modern Management, Jossey-Bass, 2009

12. Donald T. Phillips, Lincoln on Leadership: Executive Strategies for Tough Times, Warner Books, Inc, 1993

13. Martin Luther King Jr, Strength to Love, Fortress Press, 2010

14. Nelson Mandela, Long Walk to Freedom, Abacus, Anniversary edition, 2013

15. Saul David, Operation Thunderbolt, Back Bay Books, 2017

16. 1) 아덴만 여명작전, 위키피디아, https://ko.wikipedia.org/wiki/아덴만_여명_작전

    2) Operation Dawn of Gulf of Aden, https://en.wikipedia.org/wiki/Operation_Dawn_of_Gulf_of_Aden

17. 1) 김규환 기자의 차이나스코프: 국진민퇴 공포에 떨고 있는 중국 민간 기업들, 서울신문, 2020-7-23, https://www.seoul.co.kr/news/newsView.php?id=20200723500204

    2) 민간 믿지마… 신진핑식 국유경제 바람부는 중국, 중앙일보, 2020-12-15, https://news.joins.com/article/23945693

18. 2020년은 '빅브라더 중국공산당' 원년 https://shindonga.donga.com/3/all/13/1940204/1

19. 1) 북 통신도청 설비 들여와 지역마다 설치 중… 내부감시 통제 강화, Daily NK, 2020년 6월 26일, https://www.dailynk.com

    2) How North Korea is Using Smartphone as Weapons of Mass Surveillance, Wall Street Journal, Dec 6, 2017, https://www.wsj.com/articles/how-north-korea-is-using-smartphones-as-weapons-of-mass-surveillance-1512719928

20. 존 맥스웰 저/오연희 역, 열매맺는 지도자, 두란노, 2005

21. Warren's Shaft, http://www.bibleplaces.com/warrenshaft/; Warren's Shaft, Wikipedia, https://en.wikipedia.org/wiki/Warren%27s_Shaft

22. 테리 홀 저/배응준 역, 성경 파노라마(Bible Panorama), 규장, 2008
    성경연대기에 따라 아벡전투의 패배와 함께 언약궤를 빼앗긴 해를 1075 BC, 다윗이 언약궤를 예루살렘으로 들여온 해를 1002 BC로 추정한다면, 블레셋에서 7개월 동안 있었으므로, 언약궤는 기럇여아림에 70여 년 방치되어 있던 것으로 추산할 수 있다.

23. Lenny de Cruz, Tabernacle of Moses vs. Tabernacle of David, Kindle edtion(2018)

24. 더그 위드 저/윤성옥 송경재 공역, 대통령의 자식들 중심, 2004
    Doug Wead, All the Presidents' Children: Triumph and Tragedy in the Lives of America's First Families, Atria Books, 2003

25. Michael Bar-Zohar and Nissim Mishal, Mossad: The Greatist Missions of the Israeli Secret Service, Ecco, 2014
    미카엘 바르조하르 니심미샬 저/채은진 역, 모사드, 말글빛냄, 2013

26. Hannah Arendt, Eichmann in Jerusalem: A Report on the Banality of Evil, Penguin Classics, 2006

한나 아렌트 저/김선욱 역, 예루살렘의 아이히만, 한길사, 2006

27. The Eichmann Show, Wikipedia, https://en.wikipedia.org/wiki/The_Eichmann_Show

28. Dwight Eisenhower quotes, https://www.eisenhowerlibrary.gov/eisenhowers/quotes

29. 막스 베버 저/전성우 역, 직업으로서의 정치, 나남, 2019

30. Alexander V. Pantsov and Steven I. Levine, Mao: The Real Story, Simon & Schuster, 2013

31. 프랑크 디쾨터 저/고기탁 역, 독재자가 되는 법; 히틀러부터 김일성까지, 20세기의 개인숭배, 열린책들, 2021

32. World Watch List 2021 - 기독교박해지도, https://www.opendoorsusa.org/christian-persecution/world-watch-list/

33. 세계자유지수, 프리덤 하우스(www.freedomhouse.org)

미국에 본사를 둔 프리덤 하우스가 1972년부터 매년 발표한다. 세계 인권 선언에 기초한 정치적 권리와 시민의 자유를 평가한다.

34. 언론자유지수, 국경없는 기자회(www.rsf.or/en)

2002년부터 국경 없는 기자회가 180개 국가의 언론 및 표현의 자유와 관련된 조사자료를 매년 발표하고 있다. 조사항목은 다원주의, 권력으로부터의 독립, 자기검열 수준, 제도 장치, 취재 및 보도의 투명성, 뉴스생산구조 등 6개 지표로 구성되어 있다.

35. 경제자유지수: 월스트리트저널 & 헤리티지재단(www.heritage.org/index)

1995년부터 매년 발표하는 미국의 헤리티지 재단에서 산정하는 국가별 경제적 자유 수준의 지표이다. 평가는 법률체계, 정부의 크기, 규제의 효율성, 시장의 개방성 등 4개 부문 12개 항목을 평가한다.

36. 민주주의지수: 이코노미스트 인텔리전스 유닛(www.eiu.com)

2006년부터 영국의 이코노미스트 산하 EIU에서 세계 각국의 정치시스템에서 민주주의의 수준을 조사하여 매년 결과를 발표한다.

37. 부패인식지수: 국제투명성기구(www.transparency.org)

독일의 NGO 단체인 국제투명성기구(TI)에서 국가의 청렴도에 대해 공무원과 정치인이 얼마나 부패했다고 느끼는지 수치화한 것이다. 부패인식지수는 정치적으로 선진국인지 비교하는 기준으로 참고한다. 선진국일수록 청렴도가 높아지기 때문이다.

38. 신용평가등급: 무디스(www.moodys.com)

투자에 대한 정보나 조언을 제공하는 세계적인 투자자문 및 신용평가회사인 Moody's Corporation은 Standard & Poor's와 Fitch와 함께 세계 3대 신용평가기관으로 꼽힌다.

39. 스티븐 맨스필드 저/김정수 역, 윈스톤 처칠의 리더십, 청우, 2003

40. Abraham Lincoln's Farewell Address at Springfield, Illinois, 1861

http://www.abrahamlincolnonline.org/lincoln/speeches/farewell.htm

41. 폴커 레징 저/조용석 역, 그리스도인 앙겔라 메르켈(Angela Merkel-Die Protestantin), 한돌출판사, 2016

42. 시편은 총 150편으로 구성되어 있는데, 그중 73편이 다윗이 저자로 기록되어있다(3-9, 11-32, 34-41, 51-65, 68-70, 86, 101, 103, 108-110, 122, 124, 124, 131, 133, 138-145). 그리고 사도행전 4:25에서 저자 누가는 시편 2편을 다윗의 시로 인정하고 있고, 히브리서 4:7에서는 시편 95편을 다윗이 저자라고 인정하고 있다. 시편 72편 역시 솔로몬의 노래이지만 다윗이 솔로몬에게 가르친 내용을 정리한 것으로 여겨진다. 더 자세한 내용은 다음의 책을 참고하라.

Willem A. VanGemeren, Psalms, Revised: The Expositor's Bible Commentary, Zondervan (2008)

다윗시대 성경연대

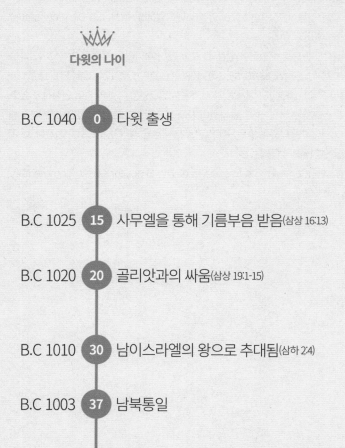

다윗의 나이

B.C 1040 — 0 — 다윗 출생

B.C 1025 — 15 — 사무엘을 통해 기름부음 받음(삼상 16:13)

B.C 1020 — 20 — 골리앗과의 싸움(삼상 19:1-15)

B.C 1010 — 30 — 남이스라엘의 왕으로 추대됨(삼하 2:4)

B.C 1003 — 37 — 남북통일

다윗의 나이

B.C 990 ㅤ**50**ㅤ 솔로몬 출생(삼하 12:24)

B.C 990~979 ㅤ**50~61**ㅤ 다사다난한 가정사의 연속

B.C 979 ㅤ**61**ㅤ 압살롬의 반역(삼하 15:10-12)

B.C 970 ㅤ**70**ㅤ 다윗의 사망, 솔로몬의 등극(왕상 2:10-12)

다윗대통령의 귀환
리더를 리드하는 리더

초판 1쇄 발행 | 2021년 4월 16일
6쇄 발행 | 2021년 7월 1일

지 은 이 | 최하진

펴 낸 이 | 윤성
펴 낸 곳 | 나무&가지
책임편집 | 박은혜
북디자인 | 김한희
일러스트 | 문희수
마 케 팅 | 임지수, 김영선
등록번호 | 제 2017-000048호
주   소 | 서울시 서초구 강남대로 455, A동 511호
편 집 부 | **전화** 02-532-9578
이 메 일 | sevenpoweredu@gmail.com

ISBN 979-11-91366-02-0 03230

이 도서의 국립중앙도서관 출판시도서목록(CIP)은 e-CIP페이지(http://www.nl.go.kr/ecip)와
국가자료공동목록시스템(http://www.nl.go.kr/kolisnet)에서 이용하실 수 있습니다.